D1750618

Pusteblume

Das Lesebuch 2

Baden-Württemberg

Schroedel

Inhaltsverzeichnis

♦ Eine Forschungsreise durch das Buch 8

♦ A... wie Anfang 10

Das ABC üben
ABC-Gedicht	Wolfgang Menzel	10
Mein Bären-ABC	Renate Donig	11

**Hinschauen –
und richtig sprechen!** — Ungenannter Autor — 12

Genau hinschauen – und lesen!
Immer ein bisschen anders! — Ungenannter Autor — 13

Immer längere Wörter lesen
Der Katzenfutternapf — Beate Günther — 14

Immer längere Sätze lesen — Ungenannter Autor — 15

Zungenbrecher — Ungenannter Autor — 16

Eine Zungenbrechergeschichte lesen
Die Katze — Wolfgang Menzel — 17

Texte und Bilder zuordnen
Wem gehört welches Tier? — Ungenannte Autorin — 18

Wörter erraten
Ücken	Barbara Rhenius	20
Strugel	Barbara Rhenius	20

Geschichten ganz genau lesen
Ausflug mit dem Rad	Ungenannter Autor	21
Morgens vor der Schule	Ungenannter Autor	21

♦ Ich bin ich 22

Erzählbild	Henriette Sauvant	22
Wir Kinder aus Bullerbü	Astrid Lindgren	23
Gute Nacht!	Paul Maar	24
Am Morgen	Angela Sommer-Bodenburg	24
Was uns die Angst nimmt	Max Bolliger	25
Nina und die Unordnung	Renate Welsh	26
Alle sind zufrieden mit mir	Christine Nöstlinger	27
Ich	Manfred Mai	28
Thomas	Karin Gündisch	29
Suse möchte krank sein	Sabine Ludwig	30
Warum sprichst du so komisch?	Elisabeth Reuter	32

◆ Von Katzen, Hunden und anderen Tieren — 34

Bruno Bello ist ein Hund	Rotraut Greune/ Heike Burghardt	35
Philipp und sein Hund	Antoinette Becker	36
Eine Begegnung im Park	Monika Hartig	37
Katzentagebuch	Gina Ruck-Pauquèt	38
Überraschung	Helga Schön	39
Mein Meerschweinchen	Marie König (Schülerin)	40
Das Meerschweinchen als Haustier	Ungenannte Autorin	41
Lebensraum Garten	Ungenannte Autoren	42

◆ Miteinander leben — 44

Fass die Buntstifte nicht an!	Charles M. Schulz	44
Unterschiedliches Aufwachsen	Hans Manz	45
Bist du traurig?	Wolf Harranth	45
Wozu braucht man eigentlich Papas?	Ragnhild Nilstun	46
Mama will ins Kino	Ute Andresen	48
Die Puppenmutter	Paul Maar	49
Mädchen sind klasse!	Ingrid Kötter	50
Abzischen	Irmela Wendt	52
Meine zweimal geplatzte Haut	Hanna Hanisch	54
Wenn meine Eltern streiten	Angela Sommer-Bodenburg	54
Du und ich	Karlhans Frank	55

◆ Mit allen Sinnen — 56

Ich freu mich	Lutz Rathenow	56
Ich lausche	Monika Fink	57
Sei doch mal still	Hanna Johansen	58
Kathrin spricht mit den Augen	Kathrin Lemler/ Stefan Gemmel	60
Ich schiele	Christine Nöstlinger	62
Eine Brille für Florian	Gabriele Simon-Kaufmann	62
Dein Auge – ein echtes Wunderwerk	Ungenannte Autorin	64
Kannst du deinen Augen trauen?	Ungenannte Autoren	65

◆ Die Welt um uns herum — 66

Der Baum	Eugen Roth	66
Ein alter Mann pflanzte kleine Apfelbäume	Leo Tolstoi	67
Holz aus unseren Wäldern	Ungenannte Autorin	68
Der Baumstamm	Ungenannte Autorin	69
Wenn ich einen Garten hätte	Ursula Wölfel	70
Turm mit Baumklosett	Erwin Moser	72
Dieses Türmchen	Christoph Meckel	73

Mein Luftschloss	Roswitha Fröhlich	73
Wer wohnte wo?	Ungenannte Autorin	74

◆ Bücher, Medien — 76

Auf ein Lesezeichen zu schreiben	Josef Guggenmos	76
Bücher kann man lesen	Christine Frick-Gerke	77
Liebe Kinder	TINO	78
Der gelbe Ball	TINO	79
Das Krokodil mit den Turnschuhen	TINO	80
Das magische Baumhaus	Mary Pope Osborne	82
Buch-Tipp	Julian Kaufmann (Schüler)	83
Weißt du es?	Friedl Hofbauer	84
Peter kann nicht lesen	Antoinette Becker	85

◆ Jahreszeiten, Feste und Feiern — 86

Die Blätter an meinem Kalender	Peter Hacks	86
März	Elisabeth Borchers	87
Frühling	Hilga Leitner	87
Ostern	Ursula Schwarz	88
Frühling im Klassenzimmer	Ungenannte Autorin	89
Löwenzähne	Phillipp Günther	90
Verblühter Löwenzahn	Josef Guggenmos	90
Zum Muttertag	Georg Bydlinski	91
Liebe Mama	Georg Bydlinski	91
Was ist das für ein Vogelei?	Josef Guggenmos	92
Die jungen Amseln	Waltraud Schmidt/ Christine Adrian	93
Sommerkinder	Rolf Zuckowski	94
Eine Sommerüberraschung	KNISTER	95
Der Wind vor dem Richter	Oskar Dreher	96
Herbstwind	Günter Ullmann	97
Nebel	Ernst Kreidolf	97
Spiellied vom Heiligen Martin	Rolf Krenzer	98
Eine Nikolauslegende	Hubertus Halbfas	99
Weihnacht	Josef Guggenmos	100
Im Weihnachtsstall zu Bethlehem	KNISTER	100
Wie die Christrose entstand	Ungenannter Autor	101
Spatzenjanuar	James Krüss	102
Verschneite Welt	Josef Guggenmos	102
Winter	Wolfgang Menzel	103

◆ Von seltsamen Wesen — 104

Was meinst du?	Vivienne Goodman	104
Das Haus im Moor, eine Gruselgeschichte	Erwin Moser	105
Vampire flattern durch die Nacht	Annika Groll (Schülerin)	106

Dracula-Rock	Fredrik Vahle	107
Willi Wiberg und das Ungeheuer	Gunilla Bergström	108
Leise Geräusche	KNISTER	109
Zauberwort	Frantz Wittkamp	109
Das Traumfresserchen	Michael Ende	110
Richtige Gespenster	Andreas Röckener	112
Bastelanleitung	Ungenannte Autorin	114
Zauberspruch	Max Kruse	115
Wisper knisper	Max Kruse	115

◆ In unserem Land — 116

Baden-Württemberg	Ungenannte Autorin	116
Für kleine und große Techniker	Ungenannte Autorin	118
Wie es früher in der Schule war	Ungenannte Autorin	118
Tiere – früher und heute	Ungenannte Autorin	119
D'Bäure hot d'Katz verlorn	Unbekannter Autor	120
Pferdle & Äffle	Armin Lang/ Julius Senderski	121
Wie die Brezel entstanden sein soll	Renate Donig	122
Sprachen	Ursula Wölfel	124
Begrüßungen		125

◆ Das *dicke* Ei — 126

Kleine Sachen zum Auch-so-ähnlich-Machen   Ungenannte Autorin   127

Witze und Rätsel   Ungenannte Autorin   128

Beschreibungen
Steckbrief	Gerda Anger-Schmidt	129
Du	Hans Manz	129

Rate mal
Fragen und Antworten	Ungenannte Autorin	130
Wer kommt gekro-?	Josef Guggenmos	130

Kannst du das lesen?
	Unbekannter Autor	131
Ein Bussard	Paul Maar	131

Rätselgeschichte
Mensch-ärgere-dich-nicht   Adelheid Böttger   132

Flunkergeschichte
Verkehrte Welt   Wolfgang Menzel   133

◆ Geschichten-Werkstatt — 134

Eine verdrehte Geschichte lesen
Ein komischer Zirkus!   Ungenannter Autor   135

Wörter in Geschichten einsetzen
Morgen ist Sonntag	Ungenannter Autor	136
Morgen ist Montag	Ungenannter Autor	136
Eine gute Frage	Manfred Mai	137

Ein Märchen nach Bildern erzählen
Rotkäppchen	Nach den Brüdern Grimm	138

Geschichten mit Bildwörtern lesen
Der Schornsteinfeger	Beate Günther	140
Die Meise Pinkepank	Beate Günther	141

Eine Rategeschichte lösen
Nisobem und Olifem	Beate Günther	142

Eine Geschichte weitererzählen
Die Geschichte vom grünen Fahrrad	Ursula Wölfel	143

Eine Geschichte zusammensetzen
Der einsame Schmetterling	Barbara Rhenius	144

Eine Geschichte ordnen
Die Geschichte von der Wippe	Ursula Wölfel	146

Die Geschichten
Eine gute Frage	Manfred Mai	147
Ende der Geschichte vom grünen Fahrrad	Ursula Wölfel	147

◆ **Gedichte-Werkstatt** —————————————— **148**

Das Echo erfindet komische Reime	Ungenannter Autor	148

Gedichte lesen und schreiben
Das Gedicht mit der **8**	Barbara Rhenius	149
Rosinchen träumt von Pferden	Barbara Rhenius	149

Wörter in Gedichte einsetzen
Der 🥔 Hund	Peter Hacks	150
Da oben auf 🥔	Frantz Wittkamp	151

Reime einfügen
Im Lande der Zwerge	Heinrich Seidel	152
Reimen	Friedl Hofbauer	153

Gedichte auseinandernehmen
Fünf Gespenster	Dorothée Kreusch-Jacob	154
Theodor, Theodor	Roswitha Fröhlich	154

Zeilen für ein Gedicht aussuchen
Der Nebel   Carl Sandburg/ Hans Baumann   155

Gedichte lesen – weiterschreiben
Peratze perütze   Otto Julius Bierbaum   156
Geräusche beim Gehen   Frauke Wendula   156
Es regnet, es regnet   Unbekannter Autor   157
Es regnet   Unbekannter Autor   157

Ein Parallelgedicht schreiben
Was ich gern mag – was ich nicht ertrag'   Wolfgang Menzel   158

Die Gedichte
Der blaue Hund   Peter Hacks   159
Fünf Gespenster   Dorothée Kreusch-Jacob   159
Theodor, Theodor   Roswitha Fröhlich   159
Der Nebel   Carl Sandburg/ Hans Baumann   159
Reimen   Friedl Hofbauer   159

◆ Theater-Werkstatt — 160

Ich bin in den Brunnen gefallen   Ungenannte Autorin   160

Zauberspiel
Ungenannte Autorin   161

Theaterpuppen
Ungenannte Autorin   162

Puppentheater
Ungenannte Autorin   163

Ein Märchenspiel
Vom dicken, fetten Pfannekuchen   C. und T. Colshorn   164

Spielen in der Klasse
Still   Friederike Mayröcker   166
Besuch   Paul Maar   166
Sechs Sätze für Fabian   Peter Härtling   166
Bei den großen Dinosauriern   Rolf Krenzer   167

Hörspiele
Morgens früh um sechs   Unbekannter Autor   168
Annas Morgen   Ungenannte Autorin   169

Verzeichnis der Autorinnen und Autoren   170
Bildquellenverzeichnis   175

Eine Forschungsreise durch das Buch

1 Auf den Seiten 2 bis 7 findest du das **Inhaltsverzeichnis.**
Dort steht, wie die verschiedenen Kapitel heißen.
Die Zahlen geben an, auf welcher Seite sie beginnen.

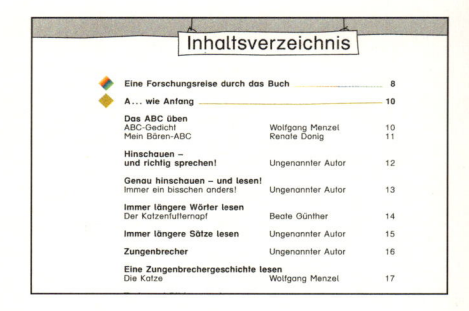

Wie viele Kapitel gibt es in diesem Lesebuch?
Welches Kapitel interessiert dich?

2 Ein Kapitel heißt
Von Katzen, Hunden und anderen Tieren.
Schau im Inhaltsverzeichnis nach und schlage es auf.

Auf welcher Seite findest du dieses Bild?
Über welche Tiere wird in diesem Kapitel noch berichtet?
Welches Tier interessiert dich?

3 Suche im Inhaltsverzeichnis das Kapitel
Mit allen Sinnen.
Schlage es auf und blättere es durch.

Über welchen Teil deines Gesichts erfährst du etwas in diesem Kapitel?

4 Schlage das Kapitel **Bücher, Medien** auf.

Auf einer Seite findest du ein Gedicht, das auf ein Lesezeichen gedruckt ist.
Auf welcher Seite ist das?

Du kannst dir auch ein Lesezeichen für dein Lesebuch basteln.

5 Ein besonderes Kapitel ist **Das dicke Ei.**
Das ist ein kleines Buch in deinem Lesebuch.
Hier findest du kleine Texte, Rätsel und Spiele.

Schlage das Kapitel auf. In welches Tier
verwandelt sich die Mücke auf Seite 127?

6 Besondere Kapitel sind auch die **Werkstätten,**
denn hier kannst du selbst an Texten arbeiten.
Die Werkstätten sind auf farbigem Papier gedruckt.

Wie viele Werkstätten gibt es?
Wie heißen die Werkstätten?
Welche Werkstatt interessiert dich besonders?

7 Schlage die **Theater-Werkstatt** auf.
Dort gibt es eine Seite mit der Überschrift
„Puppentheater".

Welches Märchen wird auf dieser Seite
im Bauchladen-Theater gespielt?

8 Auf den Seiten 170 bis 175 findest du das **Verzeichnis der Autorinnen und Autoren.** Das sind die Personen,
die die Texte im Lesebuch geschrieben haben.
Wenn du eine Autorin oder einen Autor suchst,
musst du nach dem Nachnamen schauen.
Die Nachnamen sind nach dem ABC geordnet.

Suche die Autorin Sabine Ludwig.
Aus welchem Kinderbuch stammt ihr Lesebuchtext?

9 Denke dir eigene Suchaufgaben aus.
Schicke ein anderes Kind auf Forschungsreise.

A ... wie Anfang

Das ABC üben

ABC-Gedicht
Wolfgang Menzel

A B C D E	Herr Gockel tanzt im Schnee.
F G H und **I**	Da staunt das Federvieh!
J und **K** und **L**	Herr Gockel dreht sich schnell.
M und **N** und **O**	Da fällt er auf den Po.
P und **Qu**	Er schlägt im Nu
R S T	lang hin im Schnee.
und das **U**	Frau Huhn schaut zu.
V W X und **Y**	Das hat Herr Gockel nun davon!
und am Ende noch das **Z**	Das war das Gockel-Alphabet.

1. So könnt ihr dieses ABC-Gedicht lesen:
   - Du liest die linke Spalte, deine Partnerin oder dein Partner die rechte.
   - Dann wechselt ihr.

2. Zum Schluss lesen einige Kinder das ganze ABC-Gedicht.

Das ABC wiederholen
Ein Gedicht vorlesen

→ Das dicke Ei, Seite 131:
Kannst du das lesen?

Mein Bären-ABC

Renate Donig

Alaskabär
Braunbär
Computerbär
    E
    Flugbär
    Grizzlybär
        H
        Igelbär
        Jackenbär
        Käfigbär
            L
            Malbär
            Nasenbär
            Omabär
                P
                Quietschbär
                Reisebär
                Sockenbär
                    T
                    Unterwasserbär
                    Verkleidungsbär
                    Weihnachtsbär
                    X-Beinbär
                    Yetibär
                        Z

1. Lest das Gedicht. Ergänzt die fehlenden Wörter.

2. Erklärt, was das für Bären sein könnten.

3. Denkt euch selbst ein solches Tier-ABC aus.

Das ABC wiederholen
Eigene Schreibideen entwickeln

Hinschauen – und richtig sprechen!

Spielerei
Zauberei
Rauferei
Kinderei
Osterei

Hühnerei
Entenei
Gänseei
Rührei
Zauberei

Zugpferde
Springpferde
Rennpferde
Wildpferde
Blumentopferde

Eisenrohr
Ofenrohr
Wasserrohr
Abflussrohr
Tigerohr

Aufmerksames Lesen
Silben erkennen

Genau hinschauen – und lesen!

Immer ein bisschen anders!

Das Schweinchen badet am Strand.
Das Schweinchen badet im Sand.
Das Schweinchen watet im Sand.

Paul schüttet den Kakao in die Flasche.
Paul schüttet den Kakao in die Tasche.
Paul schüttelt den Kakao in der Flasche.

Ines liegt mit ihrem Fieber im Bett und liest.
Ines liegt mit ihrem Fieber im Bett und niest.
Ines liegt mit ihrer Fibel im Bett und liest.

Die Kinder sitzen in der Klasse und schreiben.
Die Kinder sitzen in der Klasse und schreien.
Die Kinder schwitzen in der Klasse und schreiben.
Die Kinder flitzen durch die Klasse und schreien.

1 Lest reihum.
Jedes Kind liest immer einen Satz.

2 Dann liest jedes Kind immer einen ganzen Absatz.

Genau lesen

Immer längere Wörter lesen

Der Katzenfutternapf
Beate Günther

Napf
Futternapf
Katzenfutternapf

Becher
Eisbecher
Erdbeereisbecher

Kuchen
Schokoladenkuchen
Geburtstagsschokoladenkuchen

Platz
Spielplatz
Gartenspielplatz
Kindergartenspielplatz

Deckel
Glasdeckel
Marmeladenglasdeckel
Vierfruchtmarmeladenglasdeckel

Essen
Kampfessen
Wettkampfessen
Schokokusswettkampfessen

1 Lest reihum – erst von oben nach unten, dann von unten nach oben.

Immer längere Sätze lesen

Tina läuft.
Tina läuft über.
Tina läuft über den Schulhof – und fällt auf die Nase.

Felix schlägt.
Felix schlägt sein Buch.
Felix schlägt sein Buch auf – und liest.

Andi reißt.
Andi reißt aus.
Andi reißt aus dem Zeichenblock eine Seite
     – und malt.

Kira trifft.
Kira trifft ihre Freundin.
Kira trifft ihre Freundin mit dem Ball.
Kira trifft ihre Freundin mit dem Ball an den Kopf.
     – Das tut ihr leid!

Der Vogel steht.
Der Vogel steht auf.
Der Vogel steht auf der Spitze.
Der Vogel steht auf der Spitze des Baumes
     – und singt.

1 Wechselt euch beim Vorlesen ab.
Beim ersten Mal liest ein Kind immer nur eine Zeile,
beim zweiten Mal immer einen ganzen Absatz.

Zungenbrecher

Zwischen zwei Zweigen
zwitschern zwei Schwalben.

Esel essen Nesseln nicht,
Nesseln essen Esel nicht.

**Wenn Fliegen hinter Fliegen fliegen,
dann fliegen Fliegen Fliegen hinterher.**

Pudel trinken Sprudel gern,
Sprudel trinken Pudel gern.

1. Kennst du noch andere Zungenbrecher?
2. Denkt euch eigene Zungenbrecher aus.
   Lasst sie von den anderen Kindern nachsprechen.

Genau artikulieren
Lesen unterschiedlicher Schrifttypen

Eine Zungenbrechergeschichte lesen

Die Katze

Wolfgang Menzel

Es gibt Zungenbrecher,
die lügen das Blaue vom Himmel herunter.
Es stimmt einfach nicht,
was man hier über eine Katze sagt:

Die Katze tritt die Treppe krumm.

Ich glaube,
dieser Zungenbrecher ist nur erfunden worden,
um sich die Zunge daran zu zerbrechen.
Ich habe nämlich noch nie eine Katze gesehen,
die eine Treppe krumm treten konnte.
Das ist ganz unmöglich!
Und ich weiß, was ich sage.
Ich habe nämlich selbst eine Katze.
Was die macht, hört sich so an:

**Die Katze kratzt an der Matratze,
die Katze kraspelt mit der Tatze,
die Katze kaspert gern herum,
doch tritt sie keine Treppe krumm!**

Genau artikulieren

→ Von Katzen, Hunden und anderen Tieren, Seite 38: Katzentagebuch

Texte und Bilder zuordnen

Wem gehört welches Tier?

Ich hab ein Tier
mit weichem Fell.
Es hat einen
kurzen Stummelschwanz.
Es kann hoppeln
und frisst gern Löwenzahn.

Simon

Lea

Auch mein Tier
hat ein weiches Fell.
Es hat einen langen
buschigen Schwanz.
Es kann auf Bäume klettern
und von Ast zu Ast springen.

Meltem: Mein Tier hat kein Fell, sondern Federn. Es hat einen langen Schwanz. Es kann fliegen und manchmal lernt es zu sprechen.

Moritz: Und mein Tier hat auch ein weiches Fell. Es hat gar keinen Schwanz. Es ist braun mit weißen Flecken und frisst am liebsten Salat.

Texte und Bilder zuordnen

→ Von Katzen, Hunden und anderen Tieren, Seite 40: Mein Meerschweinchen

Wörter erraten

Ücken
Barbara Rhenius

Ücken sind kleine Tiere.
Jedes Kind kennt sie,
aber manche Menschen mögen sie nicht leiden.
Sie fressen nämlich gern das Gemüse ab.
Besonders nachts kriechen Ücken im Garten herum,
aber langsam, sehr langsam.
Manche Ücken sind braun, manche schwarz,
manche sind gelblich und alle sind glitschig.
Und würdest du jetzt immer noch fragen,
was Ücken sind, so kann ich nur sagen:
Manche von ihnen tragen ihr Haus auf dem Rücken.

Strugel
Barbara Rhenius

Ücken sind die Lieblingsspeise von Strugeln.
Strugel gehen nachts auf die Jagd.
Sie sind sehr nützliche Tiere.
Wenn ein Hund einen Strugel sieht, bellt er.
Er kann ihm aber nichts tun.
Denn nun streckt seine Stacheln heraus der Strugel
und rollt sich zusammen zu einer Kugel.

Kontexterschließendes Lesen

→ Von Katzen, Hunden und anderen Tieren, Seite 42/43: Lebensraum Garten
→ Geschichten-Werkstatt, Seite 142: Eine Rategeschichte lösen

Geschichten ganz genau lesen

Ausflug mit dem Rad

Die ganze Familie macht einen Ausflug mit dem Rad.
Sofie fährt hinter Jakob her.
Boris fährt hinter seiner Mutter her.
Und der Vater fährt hinter den Kindern her.
Wer fährt ganz vorn?
Wer fährt ganz hinten?

1 Wenn du diese Sätze ganz genau liest,
kannst du die Fragen beantworten.

Morgens vor der Schule

Sofie kommt morgens in die Küche.
Das Frühstück steht schon auf dem Tisch.
Das macht ihr Vater immer ganz früh um sechs.
Ihre Mutter trinkt Tee und liest die Zeitung.
Der Dackel Flick liegt unter dem Tisch.
Vater war schon ganz früh mit ihm Gassi gegangen.
Flick hatte ungeduldig auf ihn gewartet,
weil er unbedingt raus musste.
Jetzt ist Flick müde und gähnt.
Sofie fragt sich manchmal:
Wer wird morgens eigentlich immer zuerst wach?

2 Lies die Geschichte.

3 Kannst du Sofies Frage beantworten?
Vielleicht musst du die Geschichte dazu
noch einmal ganz genau lesen.

4 Kannst du sagen, wer wohl immer zuletzt aufsteht?

Genau lesen → Das dicke Ei, Seite 132: Rätselgeschichte

Ich bin ich

Henriette Sauvant: Erzählbild.

1 Stell dir vor, du bist dieses Kind.
Was fühlst du?

Innere Vorstellungsbilder entwickeln
Zu einem Bild erzählen

Wir Kinder aus Bullerbü

Astrid Lindgren

1 Ich heiße Lisa. Ich bin ein Mädchen.
Das hört man übrigens auch am Namen.
Ich bin sieben Jahre alt und werde bald acht.
Manchmal sagt Mutti:
5 „Du bist ja mein großes Mädchen,
du kannst mir also heute beim Abwaschen helfen."
Und manchmal sagen Lasse und Bosse:
„Kleine Mädchen dürfen nicht mit uns Indianer spielen.
Du bist zu klein."
10 Daher weiß ich nicht,
ob ich eigentlich groß oder klein bin.
Wenn die einen finden, dass man groß ist,
und andere, dass man klein ist,
so ist man vielleicht gerade richtig.
15 Lasse und Bosse sind meine Brüder.
Lasse ist neun Jahre alt und Bosse acht.
Lasse ist mächtig stark und kann viel schneller rennen
als ich. Aber ich kann ebenso schnell rennen wie Bosse.
Zuweilen, wenn Lasse und Bosse mich nicht mitnehmen
20 wollen, hält Lasse mich fest, während Bosse ein Stück läuft,
damit er einen Vorsprung bekommt.
Dann lässt Lasse mich los
und rennt mir ganz einfach davon.
Ich habe keine Schwester. Darüber bin ich sehr traurig.
25 Jungen sind so beschwerlich.

❶ Lies zuerst den schwarz gedruckten Text.
Was erfährst du über Lisa?

❷ Im grün gedruckten Text erfährst du,
warum Lisa Jungen beschwerlich findet.

Fragen beantworten

Gute Nacht!

Paul Maar

Erst schlüpf ich in das Nachthemd rein,
dann hüpf ich in mein Bett hinein.
Ich deck mich zu
und recke mich,
ich kuschel mich
und strecke mich,
ich dreh mich um
und schlafe ein.
Gleich träum ich einen schönen Traum,
und der gehört mir ganz allein.

Am Morgen

Angela Sommer-Bodenburg

Am Morgen bin ich gerne klein
und schlüpf in Mutters Bett hinein.
Danach bin ich dann wieder groß
und frag die Welt: „Was ist heut los?"

Was uns die Angst nimmt
Max Bolliger

Vater und Mutter und vertraute Gesichter,
im Dorf und in der Stadt die Lichter.
Die Sonne, die uns am Morgen weckt,
das Kätzchen, das sich in unserm Arm versteckt.
Im Bett Teddybären und Puppen,
Sterne, die durchs Fenster gucken.
Bruder, Schwester, Neffen und Nichten
und in der Schule die schönen Geschichten.
Alles, was jeden Tag mit uns lebt,
und am Abend das Gutenachtgebet.

→ Von seltsamen Wesen, Seite 109:
Zauberwort

Nina und die Unordnung

Renate Welsh

1 Die Mutter trägt frisch gewaschene Wäsche
in Ninas Zimmer.
Als sie herauskommt, hat sie ihr Gewittergesicht
aufgesetzt.
5 „Nina!", ruft sie. „Räum sofort auf da drin.
So eine Unordnung!"
Nina geht in ihr Zimmer.
Die Puppen liegen auf dem Teppich.
Die schauen den Stofftieren zu.
10 Die Bausteine liegen auf dem Teppich.
Die sollen ein Turm werden.
Die Bilderbücher liegen auf dem Teppich.
Die will Nina anschauen.
Die Autos liegen auf dem Teppich.
15 Die parken da.
Ein blauweißer Ringelsocken liegt auf dem Teppich.
Der ist eine Schlange.
Papierschnipsel liegen auf dem Teppich.
Die sind das Futter für die Schlange.
20 „Ich seh keine Unordnung!", ruft Nina in die Küche.

Alle sind zufrieden mit mir

Christine Nöstlinger

1 Die **Mama** ist zufrieden mit mir,
wenn ich im Haushalt helfe.
Der **Papa** ist zufrieden mit mir,
wenn ich gute Noten habe.
5 Der große **Bruder** ist zufrieden mit mir,
wenn ich ihm von meinem Taschengeld
etwas abgebe.
Die kleine **Schwester** ist zufrieden mit mir,
wenn ich ihre Rechenhausübung[1] mache.
10 Die **Oma** ist zufrieden mit mir,
wenn ich am Sonntag in die Kirche gehe.
Der **Opa** ist zufrieden mit mir,
wenn ich nicht fernschaue und nicht Radio höre.
Wahrscheinlich ist es sehr ungerecht von mir,
15 dass ich mit ihnen allen **nicht** zufrieden bin.

❶ Jedes Kind schreibt einen Satz auf, der so beginnt:
Die Mama ist zufrieden mit mir, wenn …
Oder:
Ich bin zufrieden mit meiner Schwester, wenn …

❷ Fügt die Sätze zu einem Text zusammen.

[1] Rechenhausübung sagen Schulkinder in Österreich zu ihren Mathematikhausaufgaben.

Paralleltext schreiben

→ Gedichte-Werkstatt, Seite 158: Ein Parallelgedicht schreiben

Ich

Manfred Mai

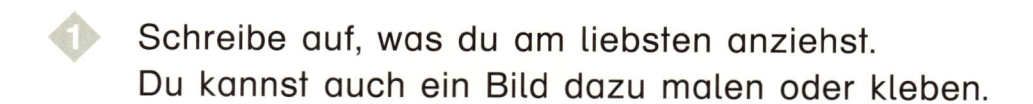

Heute haben mich meine Eltern
neu eingekleidet.
Neues Hemd.
Neuer Pulli.
Neue Jacke.
Neue Hose.
Neue Schuhe.

Meine Mutter
und die Verkäuferinnen
haben immer gesagt,
alles passe gut zusammen –
und zu mir.
Aber,
wenn ich die neuen Sachen trage,
ist mir ganz komisch.
Ich weiß gar nicht mehr,
ob ich noch ich bin.

1 Schreibe auf, was du am liebsten anziehst.
Du kannst auch ein Bild dazu malen oder kleben.

→ Gedichte-Werkstatt, Seite 156:
  Peratze perütze
→ Gedichte-Werkstatt, Seite 158:
  Was ich gern mag

Thomas

Karin Gündisch

1 Thomas hat Hunger. Er hat oft Hunger.
Er darf nicht viel essen. Thomas ist dick.
In der Pause hat er kein Pausenbrot.
Zu Mittag kann er sich nicht satt essen.
5 „Du wirst zu dick", sagt seine Mutter.
Die Mutter von Thomas ist auch dick.
Sie darf auch nicht viel essen.
Sie hat es gelernt, nicht viel zu essen.
Am Nachmittag geht Thomas zu seinem Freund Jens.
10 Sie spielen zusammen.
Noch einer Weile sagt Thomas: „Ich hab Hunger."
Jens gibt ihm einen Jogurt. Thomas isst den Jogurt.
„Hast du nicht auch ein Stück Brot?", fragt er.
Jens holt das Brot. „Willst du ein Stück Käse drauf?"
15 „Doch, gern", sagt Thomas.
„Vielleicht auch Wurst?"
Thomas nickt zustimmend.
Er isst. Es schmeckt ihm.
Er genießt das Essen.
20 „Du wirst aber dick", sagt Jens.
„Na und", sagt Thomas.
„Ich mag mich auch dick."
„Ich mag dich auch dick", sagt Jens.
Die Jungen sehen sich an und lachen.
25 Am Abend hat Thomas keinen Hunger.
Die Mutter sagt:
„Siehst du, es geht doch,
wenn du willst!"
Thomas nickt und grinst.

1 Übt den Text mit verteilten Rollen vorzulesen.

Einen Text vorlesen

Suse möchte krank sein

Sabine Ludwig

1 Suse steht vor dem Spiegel,
   sie streckt sich die Zunge raus.
   Die Zunge ist rosa.
   Eine rosa Zunge ist gesund,
5 das weiß Suse.
   Wenn man krank ist,
   sieht die Zunge weiß aus
   oder gelb.
   Suse fasst sich an die Stirn.
10 Die Stirn ist kühl.
   Eine kühle Stirn ist gesund.
   Wenn man krank ist,
   fühlt sich die Stirn heiß an.
   Suse horcht in ihren Bauch.
15 Ihr Magen knurrt.
   Wenn man krank ist,
   hat man keinen Hunger.
   Suse ist gesund.
   „Pumperlgesund",
20 wie Mama immer sagt.

Ein Kinderbuch kennen lernen

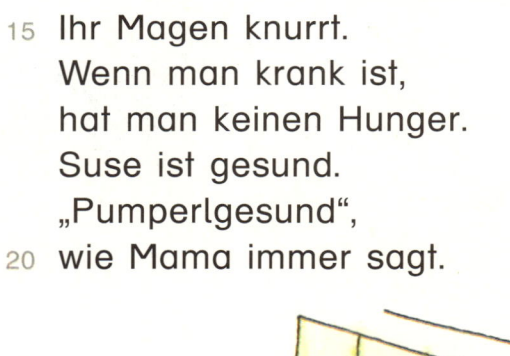

Aber Suse möchte krank sein,
nur für einen Tag,
nur für morgen.
Denn morgen hat sie Sport,
25 in der dritten Stunde.
Suse mag Sport.
Sie hüpft gern auf einem Bein.
Sie springt gern seil.
Sie läuft gern um die Wette.
30 Sie wirft gern ganz weit.
Aber morgen hüpfen sie nicht,
sie springen auch nicht seil.
Und um die Wette laufen sie
schon gar nicht.
35 Morgen spielen sie
wieder Völkerball.
Und bestimmt will wieder keiner
Suse in seiner Mannschaft haben.
Denn Suse kann nicht
40 Völkerball spielen.

1 Warum will Suse krank sein?

2 Wie könnte man Suse helfen?

3 Gibt es auch etwas, was du nicht so gut kannst?

Fragen beantworten
Einen Text weiterdenken

Warum sprichst du so komisch?

Elisabeth Reuter

1 Die Eltern packten in der neuen Wohnung
ihre Tüten und Kartons aus.
Die Kinder waren ihnen dabei im Weg.
„Lauft doch hinunter zum Spielplatz vor dem Haus",
5 schlug Mama in ihrer Sprache vor.
„Ich habe da vorhin zwei Kinder gesehen.
Mit denen könntet ihr spielen."
„Aber Mama", sagte Soham, „du sollst deutsch sprechen!
Sonst lernst du es nie richtig."
10 Mama lachte.

„Ich habe Dämmerung im Kopf", sagte sie.
„Viel Arbeit. Kann nicht deutsch denken. Morgen wieder."
„Ich träume sogar manchmal in Deutsch",
sagte Soham stolz.

15 „Jaja", meinte Mama und wedelte mit einem Handtuch,
„aber jetzt lauft. Zum Spielen."
Issa rannte gleich zur Sandkiste.
Soham sah, dass in einem großen Kletterbaum
zwei Kinder saßen – Markus und Jule.

20 Jule schaute zu Soham hinunter und sagte:
„Das sind die neuen Mieter.
Das Mädchen kommt nach den Ferien
auch in unsere Klasse, hat Herr Becker gesagt."
„Und mein Vater sagt, dass wir schon
25 genug Ausländer hier haben", erzählte Markus.
„Die waren vorher in so einem Asylantenheim.
Wo lauter Leute aus fremden Ländern sind."
„Können die denn nicht in ihrem Land bleiben?",
fragte Jule.

30 Beide kletterten vom Baum.
Inzwischen hatte Soham sich auf eine Schaukel gesetzt.
Plötzlich stand Markus neben ihr und schrie wütend:
„Geh runter von der Schaukel! Das ist unser Spielplatz!
Ihr habt hier nichts zu suchen!"
35 Soham verstand nicht –
weshalb sollten sie hier nicht spielen?
Markus lachte.
„Du können nix sprechen unsere Sprache?", fragte er dann.
„Du mich nicht verstehen? Du blöd!"
40 Jule kicherte.
Soham wurde langsam wütend.
„Warum sprichst du so komisch?
Kannst du nicht richtig deutsch sprechen?"
Und bevor Markus noch etwas antworten konnte,
45 nahm Soham Issa bei der Hand
und rannte mit ihm zurück ins Haus.

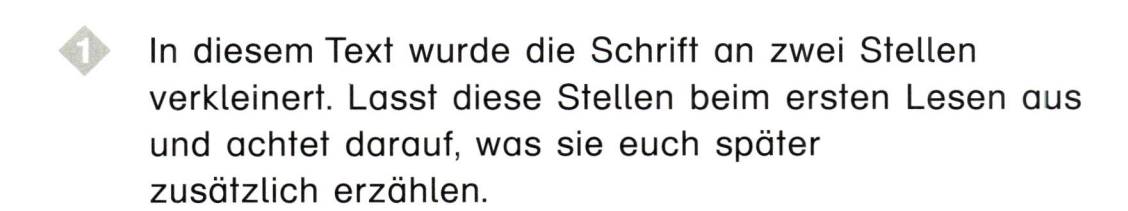

1 In diesem Text wurde die Schrift an zwei Stellen verkleinert. Lasst diese Stellen beim ersten Lesen aus und achtet darauf, was sie euch später zusätzlich erzählen.

2 Was werden Soham und Issa zu Hause ihrer Mutter berichten?

Genau lesen
Differenzierendes Lesen
Einen Text weiterdenken

→ Bücher, Medien, Seite 79:
  Der gelbe Ball
→ In unserem Land, Seite 124:
  Sprachen

Von Katzen, Hunden und anderen Tieren

① Warum müssen auch Hunde etwas lernen?

② Erkundige dich, was ein Hund lernt, wenn er in eine Hundeschule geht.

Bruno Bello ist ein Hund

Rotraut Greune/Heike Burghardt

*Balthasar ist Tierforscher. Er fürchtet sich davor,
Tiere in der freien Natur zu besuchen.
Deshalb reist Oscar, der Ballonfahrer, in der Welt herum
und hilft Balthasar bei seinen Forschungen.
Balthasar hat viele Fragen.
Oscar sendet Balthasar die Antworten in Briefen.*

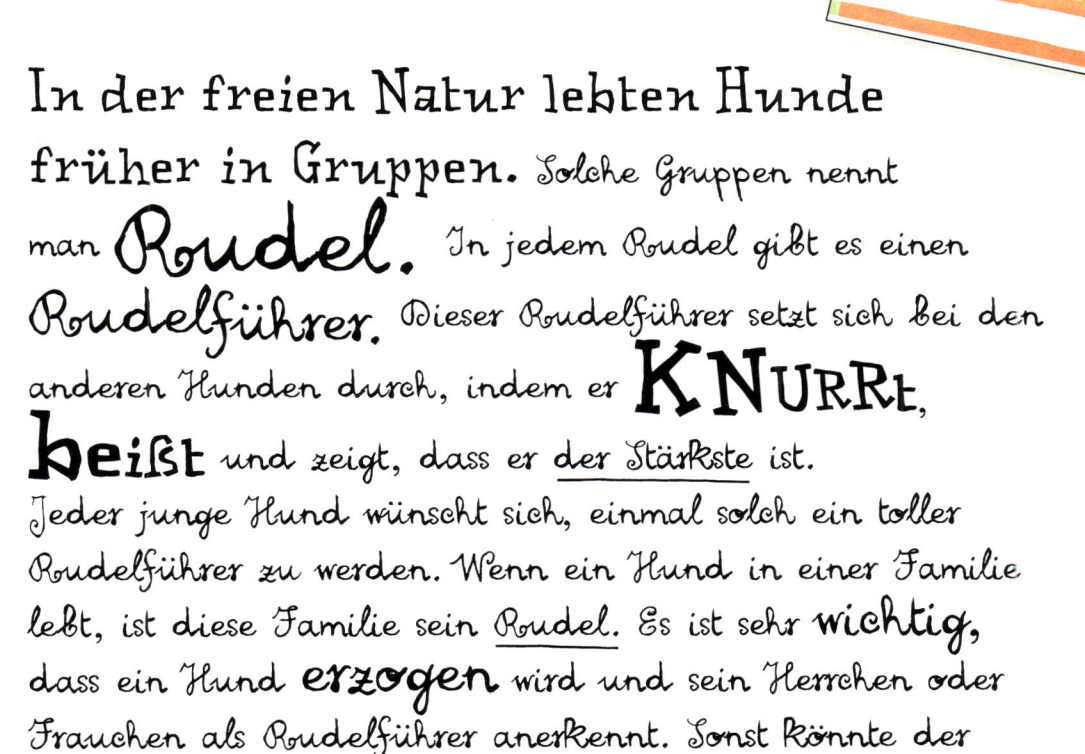

In der freien Natur lebten Hunde früher in Gruppen. Solche Gruppen nennt man **Rudel.** In jedem Rudel gibt es einen Rudelführer. Dieser Rudelführer setzt sich bei den anderen Hunden durch, indem er **KNURRT, beißt** und zeigt, dass er der Stärkste ist. Jeder junge Hund wünscht sich, einmal solch ein toller Rudelführer zu werden. Wenn ein Hund in einer Familie lebt, ist diese Familie sein Rudel. Es ist sehr **wichtig,** dass ein Hund **erzogen** wird und sein Herrchen oder Frauchen als Rudelführer anerkennt. Sonst könnte der Hund bissig und wild werden – und wäre recht gefährlich.

1. Erkläre, was ein Rudel und ein Rudelführer sind.

2. Wer ist für einen Hund, der bei Menschen lebt, der Rudelführer?

3. Welche Erfahrungen hast du mit Hunden gemacht? Erzähle.

Ein Kinderbuch kennen lernen
Einem Text Informationen entnehmen
Von Erlebnissen erzählen

Franz Marc: Liegender Hund im Schnee.

Philipp und sein Hund

Antoinette Becker

1 Heute regnet es, die Straße glänzt. Es ist ungemütlich.
   Philipp sagt: „Es regnet, muss ich denn mit Bubu raus?"
   „Es regnet nicht mehr", sagt Mutter, „es ist nur feucht
   und widerlich. Aber Bubu muss laufen."
5 Philipp mault: „Dieser blöde Hund,
   der kann doch in der Küche laufen."
   Aber er geht doch mit Bubu spazieren.
   Er ist schlechter Laune,
   er wollte doch mit Kolja spielen.
10 Ihn friert.
   „Immer muss man was."
   Da dreht Bubu den Kopf und schaut ihn so nett an,
   dass Philipp sich bückt und den nassen Bubu
   plötzlich streichelt.

1 Hat Philipp Bubu gern?

Zu einem Bild erzählen
Über einen Text nachdenken

→ Gedichte-Werkstatt, Seite 150:
Der 🐕 Hund

Eine Begegnung im Park

Monika Hartig

1 Wie immer nimmt Silvie den Weg durch den Park.
Das Laub an den Büschen und Bäumen wird schon bunt.
An manchen Stellen leuchtet es in der Sonne wie Gold.
Plötzlich kommt aus dem Unterholz ein Schatten
5 und springt auf sie zu.
Wie gelähmt vor Schreck bleibt Silvie stehen.
Es ist ein Hund! Er sieht so struppig und verwahrlost aus,
als würde er schon seit Monaten herumstreunen.
Wenn er beißt oder gar die Tollwut hat?
10 Mit klopfendem Herzen versucht sich Silvie rückwärts
davonzuschleichen. Doch der Hund folgt ihr mit
tapsigen Bewegungen. Er scheint noch sehr jung zu sein.
„Sch, sch!", macht Silvie und stampft mit dem Fuß auf.
Da bleibt der Hund stehen und mustert sie wachsam.
15 Das eine seiner Ohren hat er nach vorn gelegt.
Silvie muss trotz ihrer Angst lachen,
weil er so verwegen und drollig aussieht.
Plötzlich verspürt sie Mitleid mit dem Hund.
Ihr Pausenbrot fällt ihr ein, das sie nicht gegessen hat.
20 Rasch holt sie es aus der Schultasche und wirft es ihm zu.
Dann rennt sie davon, so schnell sie kann.
Als Silvie sich an der Wegbiegung noch
einmal nach dem Hund umschaut,
sieht sie, dass er sich auf ihr Brot
25 gestürzt hat und es gierig
verschlingt.
Erleichtert atmet sie auf.
Jetzt wird er sie bestimmt
nicht mehr verfolgen. [...]

1 Wie könnte die Geschichte weitergehen? Erzähle.

Einen Text weiterdenken

Katzentagebuch

Gina Ruck-Pauquèt

10. 8. Neun Wochen alt geworden.
Schutzimpfung gegen die Katzenseuche.

11. 8. Am Vorhang hochgeklettert. Ist verboten.

12. 8. Fäden aus dem Seidensofa gezogen.
Ist auch verboten.

18. 8. Eine vertrocknete Maus ohne Kopf gefunden.
Weggenommen worden.

20. 8. Zigarettenasche gegessen. Eklig!

21. 8. Verschwunden. Im Pelzschuh
schlafend wiedergefunden worden.

23. 8. Telefonkabel durchgenagt. Ist verboten.

26. 8. Beim Spielen Stehlampe umgeworfen.
Lampe kaputt. Ist verboten.

27. 8. Hund begegnet. Gefaucht.

29. 8. Auf Baum geklettert. Nicht mehr
runtergekommen. Gerettet worden.

2. 9. Mit Kröte gespielt. Langweilig.

4. 9. Blumentopf runtergeworfen. Ist verboten.

7. 9. Dreizehn Wochen alt geworden.

10. 9. Auf dem Tisch Schinken gefunden.
Schmeckt gut. Ist aber verboten.

11. 9. Im Bad eingesperrt worden. Geschrien.
Hingemacht. Wieder geschrien. Gerettet worden.

13. 9. Mit Fliege gespielt. War aber Biene.
Gestochen worden. Dicke Backe.

14. 9. Vierzehn Wochen alt geworden.
Schnupfen. Zum Tierarzt. Spritze gekriegt.

17. 9. Fast eine Maus gefangen.

10.10. Maus gefangen!
Tagebuchende.

→ A... wie Anfang, Seite 17:
Eine Zungenbrechergeschichte lösen

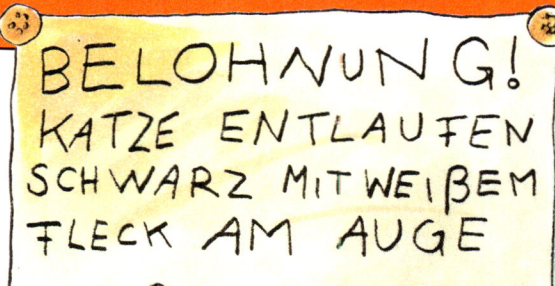

Überraschung

Helga Schön

1 Mara geht zur Garage.
Sie will ihr Fahrrad holen.
Aus der Garage kommen Geräusche.
Sie hört ein Scharren und ein Miauen.
5 Langsam öffnet sie die Tür.
Eine fremde Katze streicht um ihre Beine herum.
Sie miaut laut.
Ob die kleine Katze Hunger hat?
Mara geht zurück ins Haus.
10 Sie will der Katze etwas zu fressen holen.
Die Katze folgt ihr und miaut ohne Unterlass.
Mara füllt Wasser in eine Schale.
Aber die Katze mag das Wasser nicht.
Mara schüttet Milch dazu, und jetzt trinkt sie.
15 Als die Katze fertig ist, legt sie sich auf das Sofa,
putzt ihr Fell und schläft ein.
Was soll Mara mit der Katze machen?
Sie geht zum Telefon und ruft ihre Freundin Leyla an.
Sie erzählt ihr von der Katze.
20 Leyla erinnert sich an einen Zettel,
der am Baum vor der Schule hängt.
Sie will wissen, wie die Katze aussieht.
„Sie ist schwarz und hat einen weißen Fleck
um das rechte Auge herum."
25 „Oh, diese Beschreibung könnte zu dem Zettel passen!
Ich hole ihn und komme zu dir."
Mara wartet. Die Katze schläft auf dem Sofa.
Jetzt kommt Leyla mit dem Zettel.

BELOHNUNG!
KATZE ENTLAUFEN
SCHWARZ MIT WEIßEM
FLECK AM AUGE

72258 | 72258

1 Was werden Mara und Leyla jetzt machen?

Einen Text weiterdenken

→ In unserem Land, Seite 120: D'Bäure hot d'Katz verlorn

Mein Meerschweinchen

Marie König (Schülerin)

1 Ich habe ein süßes Meerschweinchen.
Sein Name ist Flecki.
Flecki heißt es, weil es weiß ist und braune Flecken hat.
Jeden Tag, wenn ich aus der Schule komme,
5 renne ich sofort zu Flecki.
Mein Meerschweinchen frisst sehr gern Karotten.
Jeden Tag gebe ich ihm eine Karotte.
Meistens muss Flecki im Käfig bleiben,
denn das ist sein Zuhause.
10 Wenn ich Flecki frei durch die Wohnung laufen lasse,
muss ich aufpassen, dass er nicht die Kabel annagt.
Am liebsten ist Flecki im Garten.
Dort sucht er sich zum Fressen Löwenzahn.
Wenn er den gefunden hat, frisst er ihn schnell auf
15 und versteckt sich sofort wieder in seiner Lieblingsecke.

1 Erzähle auch von einem Tier, das du magst.

2 Male ein Bild von deinem Lieblingstier.

Das Meerschweinchen als Haustier

1 Meerschweinchen sind beliebte Haustiere.
Sie stammen eigentlich aus Südamerika.
Dort leben sie in Felsspalten oder Erdlöchern.
Vor vielen Jahren kamen die ersten Meerschweinchen
5 mit Seefahrern nach Europa.

Meerschweinchen sind friedliche Tiere.
Sie greifen nicht an und beißen nicht.
Wenn du dich viel mit ihnen beschäftigst,
werden sie bald zutraulich.
10 Dann pfeifen oder quieken sie,
wenn du nach Hause kommst.

Meerschweinchen fressen Getreidekörner,
Heu, frisches Grünfutter, Gemüse und Obst.
Zum Nagen brauchen sie auch Zweige
15 von Weiden oder Birken.
Als Käfig genügt eine größere Holzkiste.
Darin sollte auch ein Schlafhäuschen sein.
Meerschweinchen sind gesellig und nicht gern allein.
Deshalb kann man auch zwei zusammen halten.

1 Lies den Text genau und beantworte die Fragen:
- Woher stammen Meerschweinchen?
- Wie begrüßen Meerschweinchen die Menschen, die sie gut kennen?
- Warum kann man auch zwei Meerschweinchen zusammen halten?

2 Wenn du mehr über Meerschweinchen wissen möchtest, kannst du im Internet nachschauen.
Gib dazu in die Suchmaschine www.blinde-kuh.de das Stichwort *Meerschweinchen* ein.

Einem Text Informationen entnehmen
Informationen einholen

Lebensraum Garten

Marienkäfer fressen am liebsten Blattläuse. Sie sind wichtige Helfer im Garten. Mit ihrer roten Farbe warnen sie ihre Feinde: Ich schmecke nicht! Will ein Vogel oder eine Spinne sie trotzdem fressen, scheiden sie eine übel riechende gelbe Flüssigkeit aus. Übrigens: An den Punkten auf dem Rücken kannst du nicht erkennen, wie alt ein Marienkäfer ist.

Zwischen die Zweige der Heckenrose spinnt die Kreuzspinne ihr Netz. Du erkennst sie an dem weißen Kreuz auf dem braunen Hinterleib. Wenn sich ein Insekt in ihrem Netz verfängt, eilt sie herbei. Sie tötet es mit einem Giftbiss und saugt es dann aus. Für Menschen ist die Kreuzspinne jedoch ungefährlich.

Tagsüber hält sich der Igel in der Hecke versteckt. Erst wenn es dunkel wird, kommt er heraus und geht auf Nahrungssuche. Am liebsten frisst er Käfer, Schnecken und Würmer, aber er jagt auch Eidechsen, Mäuse und sogar Schlangen. Wenn sich der Igel zu seiner Verteidigung zusammenrollt, stehen seine Stacheln steil in die Höhe.

→ A… wie Anfang, Seite 20:
 Wörter erraten
→ Jahreszeiten, Feste und Feiern,
 Seite 92: Was ist das für ein Vogelei?

Im Frühling kannst du die ersten Schmetterlinge im Garten und auf der Wiese beobachten. Einer der ersten Frühlingsboten ist der Zitronenfalter. An warmen Tagen flattert er von Blüte zu Blüte. Die bunte Farbe der Blüten lockt ihn an. Mit seinem Rüssel saugt er den Nektar aus den Blüten.

Meisen sind muntere Singvögel. Geschickt turnen sie in den Ästen der Bäume und Hecken. Sie fressen Insekten und Samen. Die Kohlmeise ist bei uns am häufigsten. Du kannst sie an ihrem gelben Bauch gut erkennen. Sie brütet in kleinen Höhlen. Im Winter ist sie ein häufiger Gast an den Futterhäuschen.

1 Beantworte diese Fragen:
- Wie schützt sich der Marienkäfer vor Feinden?
- Wo webt die Kreuzspinne ihr Netz?
- Wann geht der Igel auf Nahrungssuche?
- Warum flattern Schmetterlinge von Blüte zu Blüte?
- Wie ernähren sich Kohlmeisen im Winter?

2 Überlegt euch selbst Fragen zu den Texten.
Lasst sie euch von den anderen Kindern beantworten.

3 Wenn ihr wissen möchtet, was die Kreuzspinne, der Igel und der Zitronenfalter im Winter machen, könnt ihr im Internet nachschauen:
www.uni-schule.de/2001/uss

Texten Informationen entnehmen
Informationen einholen

→ Geschichten-Werkstatt, Seite 141:
Die Meise Pinkepank
→ Geschichten-Werkstatt, Seite 144/145:
Der einsame Schmetterling

Miteinander leben

Fass die Buntstifte nicht an!

Charles M. Schulz

1 Warum ist Luzies Bruder immer noch unzufrieden?

→ Geschichten-Werkstatt, Seite 142:
Nisobem und Olifem

Unterschiedliches Aufwachsen

Hans Manz

Bei Großeltern und Eltern.
Bei den Eltern.
Bei der Mutter.
Beim Vater.
Zwischen Mutter und Vater.
Ohne Mutter und Vater.

Bist du traurig?

Wolf Harranth

Bist du traurig? Hast du Sorgen?
Darf ich dir mein Lächeln borgen?
Nimm es nur und nütz es gut,
dass es seine Wirkung tut.
Hilft es dir und bringt dir Glück:
gib's mir gelegentlich zurück.

Wozu braucht man eigentlich Papas?

Ragnhild Nilstun

1 Der Bus war voll. Und warm.
An den Fensterscheiben liefen Wassertropfen herunter.
Der Papa setzte sich neben eine Frau,
die ihren Jungen auf den Schoß nehmen musste,
5 obwohl sie schon zwei große Tragetaschen hielt.
Es war so eng, dass der Papa nicht in der Zeitung
lesen konnte. Er seufzte.

Der Junge sah ihn an.
„Mama", sagte der Junge.
10 „Ja, mein Junge", sagte die Frau.
„Ich möchte mal was wissen."
„Ja, mein Junge."
„Eine Sache mit Papas …"
„Ja, mein Junge."
15 „Wozu braucht man eigentlich Papas?"
Da fing die Frau an zu lachen,
und dann sah sie den Papa an,
als ob sie erwartete, dass er auch lachte.
Aber das tat der Papa nicht.
20 Er fand die Frage nicht besonders lustig.
Er fand es seltsam, dass die Frau ihrem Sohn

nicht schon lange erklärt hatte,
dass Papas sehr nötig waren.
Er fand es an der Zeit,
25 dass dieses Kind dies und das lernte.
„Papas verdienen Geld", sagte der Papa.
„Das kann Mama auch", sagte das Kind.
„Sie verdient alles Geld, was wir haben."
„Papas fahren Auto."
30 „Das kann Mama auch", sagte das Kind.
„Wenn wir eins geliehen kriegen."
„Papas", sagte der Papa, „Papas … malen."
„Das kann Mama auch. Sie hat unsere ganze Wohnung
angemalt. Und tapeziert. Und Gardinen genäht."
35 „Hm", machte der Papa. „Hm … Papas –
reparieren alles, was kaputt geht."
„Aber das kann Mama auch", sagte der Junge.
„Sie hat zum Beispiel den Reißverschluss
an meiner Jacke ausgewechselt."
40 „Hm", machte der Papa. „Hm …"
Er nahm sich die Brille ab und putzte sie
mit dem Taschentuch. Sonst brachte das
seine Gedanken in Ordnung. Diesmal half es nichts.
„Papas können …", sagte der Papa. „Also Papas …"
45 „Ja?", sagte der Junge.
„Ja, also meiner Meinung nach … hm."
Der Papa dachte und dachte nach.
Es musste doch etwas geben, was Papas taten,
was Mamas nicht auch konnten?

1 Lest mit verteilten Rollen nur das, was die Personen miteinander reden. Dieses Gespräch ist farbig gedruckt.

2 Damit du weißt, wie es zu dem Gespräch gekommen ist, lies den ganzen Text.

Einen Dialog vorlesen
Eine Spielszene entwickeln

Mama will ins Kino

Ute Andresen

1 Mama will ins Kino gehen,
aber Max und Julia wollen nicht allein bleiben.
Mama ruft bei Papa an.
„Kannst du kommen?", fragt Mama.
5 Aber Papa kann nicht kommen, er muss noch arbeiten.
Mama ruft bei Oma an.
„Kannst du kommen?", fragt Mama.
Aber Oma kann nicht kommen, ihr Bein tut weh.
Mama ruft bei Anita an.
10 Anita ist Mamas Freundin.
„Kannst du kommen?", fragt Mama.
Anita lacht.
„Gib mir mal die Julia", sagt Anita.
Anita redet mit Julia.
15 Julia hört lange zu.
Dann sagt sie: „Ja, gut!"
Julia gibt Mama den Hörer.
Mama hört lange zu.
Dann sagt sie: „Ja, gut!"
20 Und dann sagt sie noch: „Toll! Bis gleich!"
Mama geht ins Kino zusammen mit Anita.
Und Julia bleibt bei Max.
Toll!

1 Was könnte Anita Julia gesagt haben?

2 Was könnte Anita Mama gesagt haben?

3 Was hat Julia wohl zu Max gesagt?

Über einen Text nachdenken

Die Puppenmutter

Paul Maar

Mädchen sind klasse!

Ingrid Kötter

*Tim will nie mehr etwas mit Mädchen
zu tun haben, basta!
Deshalb versteckt er sich im Wald
und baut eine Hütte mit dem Schild:
„Nichts für Mädchen!"
Aber dann kommt alles ganz anders,
als Tim sich das vorgestellt hat.*

1 Der Boden für die Hütte ist fertig.
Tim sieht auf seine Armbanduhr.
Eine Stunde hat er nur dafür gebraucht. Super!
He! Was ist das? Es knackt und grunzt im Gebüsch.
5 „Hilfe!"
Tims Herz klopft bis zum Hals. Er steht wie angewurzelt.
Ein Wildschwein. Wetten?
„Hallo!", sagt das Wildschwein.
Es trägt weinrote Sandalen, Jeans, Karobluse
10 und ist dieser Chris aus Beermanns Vorgarten.
„Kann ich dir helfen?", fragt er.
Tim nickt. Er ist heilfroh, dass der Typ mit der Stoppelfrisur
kein echtes Wildschwein ist.
Der Junge sieht sich um.
15 Er sagt: „Du baust eine Hütte? Hier? Mitten im Wald?
Toll! Wir haben das mal bei uns zu Hause
auf dem Spielplatz gemacht. Warte!
Ich hole einen Hammer. Und Nägel. Und Bindfaden."
Ein Knacken im Gebüsch. Weg ist er.
20 Schon kurz darauf ist Chris mit einem Werkzeugkasten
zurück.
Den ganzen Nachmittag hämmern Chris und Tim.
Tim schimpft dabei über Mädchen,
und er beobachtet Chris.

25 Chris ist ziemlich schweigsam.
Chris ist angeblich schon in der dritten Klasse.
Chris haut sich nicht mit dem Hammer auf den Daumen.
Chris stemmt Äste.
Chris bindet sie fachgerecht zusammen.
30 Chris jammert nicht über Kratzer an Armen und Beinen.
Und als es wieder im Gebüsch raschelt, sagt er:
„Nicht drum kümmern!" und arbeitet weiter.
Als die vier Wände der Hütte endlich stehen,
klopft ihm Tim auf die Schulter und sagt:
35 „Junge, Junge! Von dir kann man viel lernen."
„Stimmt!", rufen Anne und Milena.
Sie haben sich angeschlichen.
„Wo kommt ihr denn plötzlich her?", fragt Chris.
„Ist doch egal. Haut bloß ab!", schreit Tim.
40 Er hält beiden das Zeichenblatt vor die Nase:
„Hier! Könnt ihr lesen? Nichts für Mädchen!"
Anne lacht.
Sie zeigt auf Chris und sagt: „Wenn die bleibt,
dürfen wir auch bleiben. Oder ist Chris etwa
45 kein Mädchen?"
Chris? Ein Mädchen?
[…]

1 Warum denkt Tim, Chris sei ein Junge?
Der rot gedruckte Text hilft euch bei der Antwort.

Fragen beantworten

Abzischen

Irmela Wendt

„Wenn ich Wut habe auf meine kleine Schwester",
sagt Jens, „dann mache ich meine Arme steif
bis in die Fingerspitzen
und strecke sie wie Katzenkrallen in Richtung Fußboden.
Dann zischt die Wut ab.
Ich verhaue meine kleine Schwester nicht."

Warst du schon einmal so richtig wütend?

Vielleicht, weil dich jemand geärgert hat
oder weil dir jemand etwas kaputt gemacht hat
oder weil du nicht mitspielen durftest
oder …?

Es gibt viele Gründe sich zu ärgern.
Und es kann leicht passieren,
dabei in Wut zu geraten.

**Dann tut es gut,
der Wut Luft zu machen.**

Aber wie?

Sich prügeln ist meistens keine gute Lösung.

Am besten suchst du dir einen Ort,
wo du allein bist.

Und dann schreist du ganz laut.

Oder du boxt fest ein paar Kissen
und schimpfst dabei laut.

Oder du stellst dir eine „fetzige" Musik an
und tanzt dazu einen wilden Tanz.

Oder du holst tief Luft
und schüttelst dich dann beim Ausatmen so kräftig,
dass alles bei dir schlackert.
Brrrrrrrr!

Seilhüpfen ist auch gut
gegen Wut im Bauch.

Danach geht es dir bestimmt schon viel besser.

Überlege dir dann,
wie du deine Meinung sagen
und dich richtig gut streiten kannst.

1. Unterhaltet euch mit einem anderen Kind
oder in der Gruppe darüber, was ihr macht,
wenn ihr sehr wütend seid.

Meine zweimal geplatzte Haut
Hanna Hanisch

Ich könnte platzen.
Aus allen Nähten könnte ich platzen
vor Wut.
Meine Hände zittern.
Meine Stimme bebt.
Meine Haut tut mir weh von so viel Wut.
Ich fühle mich krank in meiner Haut,
weil du so bös zu mir warst.

Ich könnte platzen.
Aus allen Nähten könnte ich platzen
vor Lust.
Meine Hände winken.
Meine Stimme lacht.
Mein Bauch gluckert vor so viel Lust.
Ich fühle mich wohl in meiner Haut,
weil du so lieb zu mir warst.

Wenn meine Eltern streiten
Angela Sommer-Bodenburg

Wenn meine Eltern streiten,
dann hätt ich gern viel Geld,
um einfach wegzureiten
bis an den Rand der Welt.

Du und ich

Karlhans Frank

Du bist anders als ich,
    ich bin anders als du.
   Gehen wir auf-
    einander zu,
schauen uns an,  
    erzählen uns dann,
was du gut kannst,
    was ich nicht kann,
was ich so treibe,
    was du so machst,
worüber du weinst,
    worüber du lachst,
ob du Angst spürst bei Nacht,
    welche Sorgen ich trag,  
welche Wünsche du hast,
    welche Farben ich mag,
was traurig mich stimmt,
    was Freude mir bringt,
wie wer was bei euch kocht,
    wer was wie bei uns singt.
Und plötzlich erkennen wir  
  – waren wir blind? –,
dass wir innen uns
äußerst ähnlich sind.

1 Übt das Gedicht zu zweit vorzulesen.
Überlegt euch, wer welche Zeilen liest.
Ihr könnt einige Zeilen auch gemeinsam lesen.

Ein Gedicht vorlesen

Mit allen Sinnen

Ich freu mich
Lutz Rathenow

Ich freu mich, dass ich Augen hab,
die alles ringsum sehn.
Freu mich, dass ich Füße hab,
wohin ich will zu gehn.

Freu mich über meine Ohren,
dass ich die Vögel hören kann –
und zieht der Kuchenduft ins Zimmer,
wie freut mich meine Nase dann.

Die Hände greifen, was ich will,
die Finger halten selten still –
und meine Haare kitzeln mich,
und was der Kopf denkt, spreche ich.

1 Welche Körperteile werden im Gedicht genannt? Wozu brauchst du sie?

2 Vergleiche das Bild mit dem Gedicht.

3 Schreibe das Gedicht in Schönschrift auf. Du kannst für die Körperteile Bilder malen.

Genau lesen
Text und Bild vergleichen
Ein Gedicht abschreiben

Ich lausche

Monika Fink

1 Anne und Karl lagen im Gras und erzählten sich
selbst erfundene Witze. Sie kicherten und lachten.
Dabei waren sie sehr laut.
Plötzlich sagte Anne: „Du, Karl, sei still.
5 Ich glaube, ich habe ein seltsames Geräusch gehört!"
„Was hast du denn gehört?", fragte Karl.
„Psst! Sei doch still! Sonst kann ich es nicht hören!"
Beide lauschten. Dabei waren sie ganz still.
Sie konnten nun viele Geräusche hören,
10 die sie vorher nicht gehört hatten.
Sie hörten die Bienen und Käfer summen,
Vögel zwitscherten, in der Ferne einen Bach plätschern.
Da hörte Anne wieder das Geräusch.
Es klang, als ob sich jemand anschlich.
15 „Buuh!", machte es pötzlich.
Anne und Karl fuhren erschrocken hoch.
Doch es war nur ihr Freund Ingo.
Er hatte sich heimlich angeschlichen, um sie zu erschrecken.
Nun lagen sie alle drei im Gras und erzählten sich
20 selbst erfundene Witze. Sie kicherten und lachten.
Dabei waren sie wieder sehr laut.

1 Welche Geräusche hören Anne und Karl?
Suche die Stellen im Text.

2 Seid eine Minute lang ganz still in der Klasse.
Welche Geräusche hört ihr?

Gezielt Informationen finden → Gedichte-Werkstatt, Seite 156: Geräusche beim Gehen

Sei doch mal still

Hanna Johansen

Sei doch mal still.
Warum soll ich still sein?
Ich will was hören.
Ich kann noch lauter schreien. Hörst du?

Ich will was anderes hören.
Was willst du denn hören?
Die Fliege am Fenster, die will ich hören.
Und? Kannst du sie hören?
Du nicht? Sei doch mal still.

Warum soll ich still sein?
Ich will was hören.
Was willst du denn hören?
Den Regen hinter dem Fenster, den will ich hören.
Und kannst du ihn hören?
Du nicht?

Sei doch mal still.
Warum soll ich still sein?
Ich will was hören.
Was willst du denn hören?
Den Baum an der Straße, den will ich hören.

Sei doch mal still. Ich will was hören.
Was willst du denn hören?
Den Vogel im Baum, den will ich hören.

Sei doch mal still.
Was willst du denn hören?
Die kleinen Vögel im Nest, die will ich hören.
Es sind gar keine kleinen Vögel im Nest.

58

Sei doch mal still.
Was willst du denn hören?
Die Eier im Nest, die will ich hören.
Kann man die hören?
Nur wenn es ganz still ist.
Es ist aber nicht ganz still.

Sei doch mal still.
Du kannst sowieso nichts hören.
Vielleicht doch.
Was willst du denn hören?

Den Regenbogen, den will ich hören.
Kann man den hören?
Vielleicht.

Sei doch mal still.
Warum soll ich still sein?

Ich will was hören.
Was willst du denn hören?
Rate mal. Das will ich nicht hören.
Was willst du denn hören?

Ich will hören, wie dein Herz schlägt.
Kannst du das hören?
Und wie!

Ich auch.

1 In diesem Text sprechen zwei Kinder.
Übt das Gedicht mit verteilten Rollen vorzulesen.
Die Farben helfen euch dabei.

Ein Kinderbuch kennen lernen
Einen Dialog vorlesen
Eine Spielszene entwickeln

→ Theater-Werkstatt, Seite 168/169:
Hörspiele

Kathrin spricht mit den Augen

Kathrin Lemler/Stefan Gemmel

1 Hallo, ich heiße Kathrin!
Ich bin zehn Jahre alt und wohne
mit meiner Mama und meinem Bruder Niklas
in einem großen Haus in der Stadt.
5 Ich mag gern Musik und Geschichten. Nachmittags lese ich viel
oder ich spiele mit Niklas. Wir liegen dann auf der Erde
und machen Quatsch oder wir toben miteinander.
Doch das ist nicht immer leicht, denn ich kann meine Arme
und Beine nicht so bewegen, wie ich das gern möchte.
10 Allein gehen und stehen kann ich nicht.
Deshalb habe ich einen Rollstuhl. Der fährt elektrisch
und mit ihm bewege ich mich fort.

> Aber leider sitze ich viele Stunden am Tag in diesem Rollstuhl.
> Oft sehe ich den anderen dabei zu, wie sie herumlaufen
> 15 und miteinander spielen, und ich kann es ihnen nicht nachmachen.
> Solche Momente machen mich traurig.

Auch das Sprechen fällt mir schwer. Kurze Wörter wie „ja"
oder „nein", „Mama" oder „Papa" kann ich zwar leicht sagen,
doch ganze Sätze kann ich leider nicht sprechen.
20 Eigentlich rede ich mit meinen Augen. Wenn ich
etwas haben möchte, schaue ich es an und jemand anderes
muss es mir bringen. Wenn ich spazieren möchte,

blicke ich zur Tür, und wenn ich Hunger habe,
sehe ich den Tisch an.

25 Alle Leute, die mich kennen, wissen Bescheid
und verstehen mich. Andere Menschen verstehen
mich nicht so leicht.

> Es dauert lange, bis sie herausfinden, was ich möchte.
> Das ist anstrengend für mich, denn ich muss
30 immer wieder auf neue Weise versuchen ihnen klarzumachen,
> was ich meine.

Deshalb habe ich seit einigen Jahren eine Buchstabentafel.
Das ist eine kleine Karte, auf der das Alphabet steht.
Sie hilft mir etwas zu sagen.

35 > Ich sehe dazu auf die Buchstaben und setze so das Wort zusammen,
> das ich sagen möchte. Das dauert zwar lange, aber die Tafel
> hilft mir doch sehr.

Bis ich meine Buchstabentafel hatte, konnten mich
die meisten Leute nicht verstehen. Nur mit den Blicken
40 zu sprechen ist schwierig, und man kann auch nicht
alles ausdrücken, was man möchte.

> Lange Zeit habe ich mich gefragt, wie sich die Wolken anfühlen,
> und ich wollte mit jemandem darüber reden, warum es behinderte
> Kinder auf der Welt gibt. Erst mit der Tafel konnte ich
45 > Sätze buchstabieren, und so musste ich lange warten, bis jemand
> mit mir über diese Dinge sprach.

Es ist schwer, nicht sprechen zu können. Oft bin ich deswegen
traurig. Aber es gibt einen Satz, den ich mir ausgedacht habe
und den meine Mutter mir ganz groß aufgeschrieben hat:
50 „Nicht lachen können ist schlimmer als nicht reden können."
Und lachen kann ich sehr gut.

1 Lies zuerst die groß gedruckten Abschnitte.
Darin erfährst du etwas über Kathrins Leben.
In den klein gedruckten Abschnitten steht noch mehr
über ihre Gefühle und Gedanken.

Ein Kinderbuch kennen lernen
Differenzierendes Lesen
Innere Vorstellungsbilder entwickeln

Ich schiele

Christine Nöstlinger

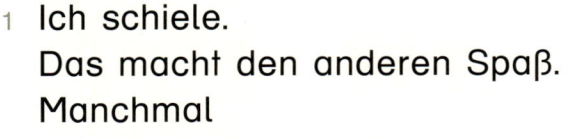

1 Ich schiele.
Das macht den anderen Spaß.
Manchmal
klebt mir der Arzt ein Heftpflaster
5 über das linke Brillenglas.
Das mögen die Kinder in meiner Klasse
besonders gern.
Dann lachen sie besonders laut.
Und am lautesten lacht der Karli.
10 Der lacht dann so viel und so laut,
dass die anderen gar nicht merken,
dass er noch viel mehr schielt als
ich.

Eine Brille für Florian

Gabriele Simon-Kaufmann

1 „Florian", sagte die Lehrerin. „Kannst du lesen,
was an der Tafel steht?"
Florian kniff die Augen zusammen, aber er schaffte es nicht.
Die Buchstaben an der Tafel verschwammen.
5 „Ich glaube, du solltest zum Augenarzt gehen",
sagte die Lehrerin. „Sicher brauchst du eine Brille."
Zu Hause machte Florians Vater einen Termin
bei der Augenärztin aus.
Ein paar Tage später gingen sie zusammen dorthin.
10 Im Sprechzimmer der Augenärztin hing
eine große Papptafel mit Bildern.
Die obersten Bilder waren riesengroß,
dann wurden sie immer kleiner.

Die Bilder in den oberen Reihen konnte Florian gut erkennen,
15 dann aber wurde es immer schwieriger für ihn.
„Das macht nichts, Florian", meinte die Augenärztin freundlich.
Sie untersuchte Florians Augen gründlich.
Mit der Zeit wurde Florian müde und ungeduldig.
„Gleich sind wir fertig", sagte die Augenärztin
20 und leuchtete zum Abschluss noch
mit einer kleinen Taschenlampe in Florians Augen.
Dann sagte sie: „Du brauchst eine Brille, Florian.
Das hast du ja schon selbst gemerkt.
Ich stelle dir ein Rezept aus, dann kannst du dir
25 beim Augenoptiker ein Brillengestell aussuchen."
Florian schluckte. „Warum muss gerade ich schlecht sehen",
murmelte er. Er schaute seinen Vater an.
Der legte ihm tröstend den Arm um die Schultern.
Da lächelte Florian schon wieder ein bisschen.
30 Er dachte an Onkel Michael und Tante Moni,
an seine kleine Kusine Teresa
und seinen Freund Jan.
Die hatten auch alle eine Brille.

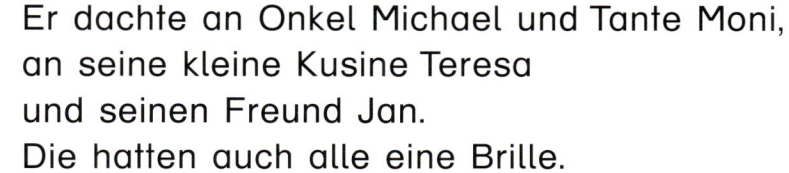

1 Warum muss Florian zur Augenärztin?
Suche die Stelle im Text.

2 Wie fühlt sich Florian nach der Untersuchung?

3 Warst du auch schon einmal beim Augenarzt?
Schreibe darüber oder male ein Bild.

Fragen beantworten
Von Erlebnissen erzählen

Dein Auge – ein echtes Wunderwerk

Deine Augen brauchst du zum Sehen.
Du hast zwei Augen, um Entfernungen
und die Oberfläche von Dingen einschätzen
zu können. Um das zu verstehen,
probiere dieses Experiment:

> Schließe ein Auge und versuche,
> den Deckel auf deinen Füller
> zu stecken. Öffne beide Augen
> und versuche es noch einmal.
> Was ist dir aufgefallen?

Der schwarze Kreis im Auge ist die Pupille.
Sie ist eine Öffnung,
durch die Licht in das Auge fällt.
Wenn es dunkel ist, wird die Pupille groß.
Bei Helligkeit wird sie klein.
Um die Pupille herum liegt die Iris.
Sie kann blau, braun, grün
oder grau sein.
Die Augenlider schützen
und reinigen das Auge.
Die Wimpern halten Schmutz
vom Auge fern.
Die Augenbraue sorgt dafür,
dass kein Schweiß ins Auge rinnt.

1 Lies genau und beantworte die Fragen:
- Wie nennt man den schwarzen Kreis im Auge?
- Welche Farben kann die Iris haben?
- Welche Aufgaben haben die Augenlider?

2 Zeichne ein Auge und beschrifte es.

Anleitungen verstehen und
danach handeln
Einem Text Informationen entnehmen

Kannst du deinen Augen trauen?

Manchmal spielen dir deine Augen einen Streich:

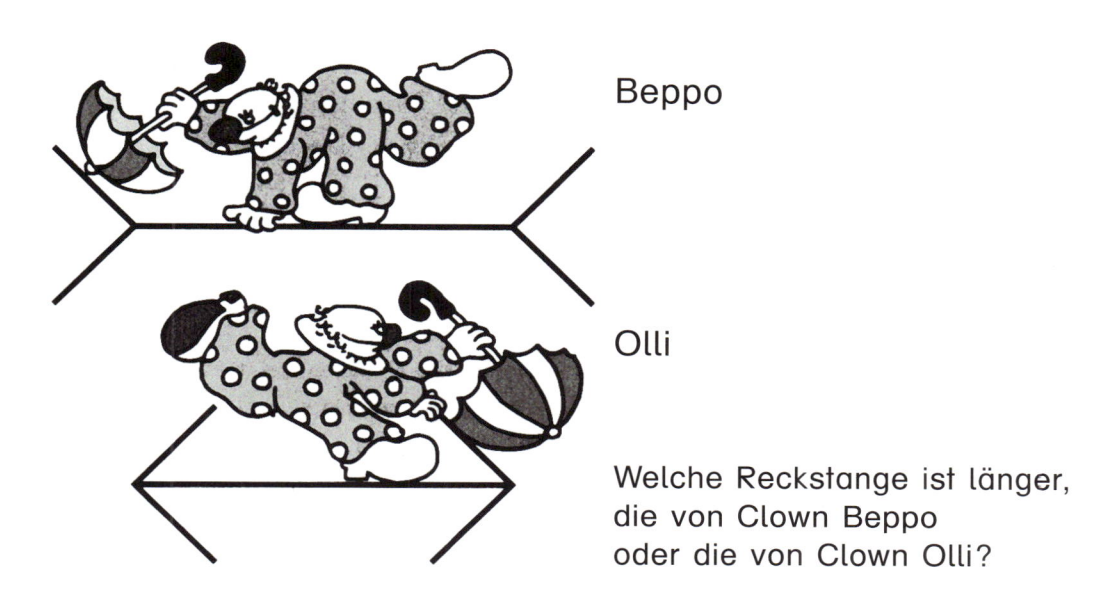

Beppo

Olli

Welche Reckstange ist länger,
die von Clown Beppo
oder die von Clown Olli?

Manches kann man auf verschiedene Weise betrachten:

Hase oder Vogel?

Brücke über
tosendem Bach
oder Sonne,
die in den Wolken
versinkt?

Experimente zur
 optischen Wahrnehmung

Die Welt um uns herum

Der Baum

Eugen Roth

Zu fällen einen schönen Baum,
braucht's eine halbe Stunde kaum.
Zu wachsen, bis man ihn bewundert,
braucht er, bedenkt es, ein Jahrhundert.

1   Dieser Baum ist ein Denkmal. Warum?

Text und Bild vergleichen

Ein alter Mann pflanzte kleine Apfelbäume

Leo Tolstoi

1 Ein alter Mann pflanzte kleine Apfelbäume.
Da lachten die Leute und fragten ihn:
„Warum pflanzt du diese Bäume?
Viele Jahre werden vergehen,
5 bis sie Früchte tragen,
und du selbst wirst von diesen Bäumen
keine Äpfel mehr essen können."
Da antwortete der Alte:
„Ich selbst werde keine ernten.
10 Aber wenn nach vielen Jahren
andere die Äpfel
von diesen Bäumen essen,
werden sie mir dankbar sein."

Holz aus unseren Wäldern

1 Viele Dinge in unserer Umgebung sind aus Holz.
Tische, Schränke, Türen und ganze Häuser
werden aus Holz gebaut.
Aber auch viele kleine Dinge sind aus Holz,
5 zum Beispiel Streichhölzer und Bauklötze.
Und sogar Papier wird aus Holz gemacht.
Das Holz für diese Dinge kommt aus unseren Wäldern.
Jedes Jahres werden viele Bäume gefällt.

Die Bäume können aber erst gefällt werden,
10 wenn sie alt und groß genug sind.
Das kann viele Jahre dauern,
denn Bäume wachsen nur sehr langsam.
Bis eine Rotbuche groß genug ist,
dauert es 120 Jahre.
15 Fichten wachsen etwas schneller.
Sie können nach 80 Jahren gefällt werden.
Fichten werden deshalb am häufigsten
in unseren Wäldern angepflanzt.
Sie liefern uns das Holz am schnellsten.

Rotbuchen.   Junge und alte Fichten.

→ In unserem Land, Seite 118:
Für kleine und große Techniker

Der Baumstamm

1 Wenn man einen Baumstamm anschaut,
sieht man zuerst die Rinde.
Sie ist die äußere Hülle eines Baumes.
Sie schützt den Baum vor dem Austrocknen
5 und hält schädliche Insekten fern.

Wenn man einen Baum fällt,
erkennt man unter der Rinde das Holz.
An der Schnittfläche des Baumstumpfes
kann man sehr viele helle und dunkle Ringe sehen.
10 Immer ein heller und ein dunkler Ring
bilden zusammen einen Jahresring.
Ein Jahresring ist ein Lebensjahr des Baumes.
Jedes Jahr kommt ein Jahresring hinzu.
Indem man die Jahresringe zählt,
15 kann man feststellen,
wie alt ein Baum geworden ist.

An einem Jahresring
kann man auch sehen,
wie der Baum innerhalb
20 eines Jahres gewachsen ist.
Breite Jahresringe zeigen,
dass die Jahre feucht waren
und der Baum gut wachsen konnte.
In trockenen Jahren sind
25 die Jahresringe schmal.

1 Wie alt ist der Baum geworden,
den du auf dieser Seite siehst?

Einem Text Informationen entnehmen

Wenn ich einen Garten hätte
Ursula Wölfel

1 Mein Garten ist wie ein Wald, wie ein Urwald.
Ringsum ist alles zugewachsen,
man kann nicht von der Straße hineinsehen.
In der Mitte ist eine Wiese mit Blumen,
5 aber es gibt keinen Weg und keine Beete.
Ein Bach läuft durch meinen Garten,
und am Ufer wachsen Schwertlilien.
Und dann habe ich eine Hütte in meinem Garten,
nein, eigentlich zwei.
10 Eine ist oben in einem Baum,
man muss mit einer Strickleiter hinaufklettern.
Dort sitze ich manchmal und lese.
Die andere Hütte steht zwischen den Bäumen, in einem Wald,
ein kleines Blockhaus ist das.
15 Drinnen gibt es nur ein Heulager, eine Bank und einen Tisch.
Einen Ofen habe ich auch, damit ich mir etwas kochen kann.

Neben der Hütte ist nämlich der Gemüsegarten,
da habe ich Radieschen und Salat gepflanzt
und Möhren und Erbsen, auch ein paar Kartoffeln.
20 Meistens zünde ich den Ofen in der Hütte gar nicht an,
draußen habe ich nämlich eine Feuerstelle,
nur aus Steinen mit zwei Astgabeln,
in die man den Kochtopf hängen kann.
Abends ist es besonders schön in meinem Garten.
25 Dann rauschen die Bäume,
und ich sitze mit meinen Freunden am Feuer,
und wir singen und erzählen uns Geschichten.
Dann gehen sie nach Hause, und ich schlafe in meiner Hütte,
und draußen glüht das Feuer noch ein bisschen,
30 und ich habe keine Angst, wenn die Nachtvögel schreien.
Morgens wasche ich mich am Bach und koche mir Kaffee.
Dann arbeite ich in meinem Garten.
Oder ich sitze oben in meinem Baumnest und lese.

1 Suche im Bild die Dinge,
die im Text genannt werden.

2 Beschreibe oder male
deinen Wunschgarten.

Bücher, Medien, Seite 82:
Das magische Baumhaus

Turm mit Baumklosett

Erwin Moser

1 Dieser Baum ist in den Turm hineingewachsen.
Oder aber, der Turm ist in den Baum hineingewachsen.
Das gibt's!
Du glaubst es nicht? Na, ganz einfach, stell dir vor,
5 der Turm war ursprünglich ein großer Pilz,
und jemand ist eines Tages vorbeigekommen
und hat sich gedacht:
Dieser Pilz gefällt mir.
Der sieht aus wie ein Turm.
10 Wenn ich da eine Tür hineinschneide und ein Fenster,
kann ich drin wohnen!
Na ja, und das hat dieser Jemand dann gemacht.
So könnte es doch gewesen sein?
Sieht lustig aus, nicht?
15 Besonders das Baumklosett
würde ich gerne einmal benützen!

Dieses Türmchen

Christoph Meckel

Dieses Türmchen schenk ich dir
mit dem Schlüssel für die Tür.
Und das andere hätt ich gern
für mich selbst, nicht allzu fern.

Mein Luftschloss

Roswitha Fröhlich

Dort hab ich alles,
was ich brauch,
sogar ein Pferd zum Reiten.
Und einen Diener
hab ich auch
für meine Schularbeiten.

Dieses Haus hat die Künstlerin Niki de Saint Phalle gebaut. Es ist ein Haus für Kinder mit Spielzimmer, Küche, Bad, Schlafräumen und einer Rutschbahn.

1 In welchem dieser Häuser würdest du am liebsten wohnen?

2 Denke dir selbst ein Fantasiehaus aus. Male und beschreibe es.

Innere Vorstellungsbilder entwickeln → Geschichten-Werkstatt, Seite 140: Der Schornsteinfeger

Wer wohnte wo?

1 Heute wohnen die meisten Menschen
in Häusern oder Hütten.
Das war nicht immer so.
Viele Völker haben früher in Zelten gelebt
5 und sind damit von Ort zu Ort gezogen.
Wenn sie weiterzogen, bauten sie ihre Zelte ab
und nahmen alles mit, was sie besaßen.
An einem anderen Ort bauten sie ihre Zelte wieder auf
und lebten für eine Weile dort.
10 Diese Menschen nennt man Nomaden.

Indianer

1 Viele Indianer in Nordamerika waren Nomaden.
Einige Indianerstämme lebten davon,
dass sie Büffel jagten.
Da die Büffelherden wanderten,
5 mussten auch die Indianer weiterziehen,
um ihnen zu folgen.
Diese Indianer lebten deshalb in Zelten,
die sie schnell auf- und abbauen konnten.
Ihre Zelte nennt man Tipis.

10 Die Indianerfrauen bauten die Tipis auf.
Sie stellten etwa zwölf lange Stangen
im Kreis auf und banden
sie oben zusammen.
Außen legten sie zusammengenähte
15 Büffelhäute über die Stangen.
Oben gab es eine Rauchklappe,
die man öffnen und
schließen konnte.

Lappen

1 Auch im Norden von Europa, in Lappland,
gab es Menschen, die in Zelten lebten.
Die Lappen züchteten Rentiere.
Zusammen mit ihren Herden zogen
5 sie von Futterplatz zu Futterplatz.

Die Zelte der Lappen sahen ganz ähnlich
wie die Zelte der Indianer aus.
Sie wurden aber mit Rentierhäuten abgedeckt
und waren nach oben offen.
10 Die Zelte der Lappen nennt man Koten.

Inuit

1 Inuit nennen sich die Menschen,
die in den Regionen nahe dem Nordpol leben.
Die Inuit waren früher Jäger und Fischer.

Viele Inuit lebten die meiste Zeit über in Zelten.
5 Ihre Zelte bestanden aus Walknochen und Tierhäuten.
Manche Inuit bauten aber auch Häuser
aus großen, festen Schneeblöcken.
Diese Häuser nennt man Iglus.
Sie waren kuppelförmig
10 und hatten einen
tunnelartigen Eingang.

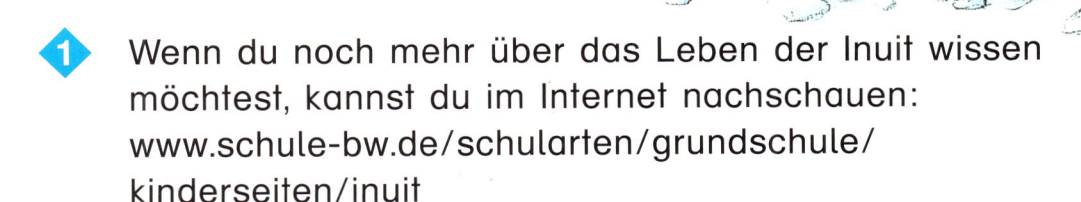

❶ Wenn du noch mehr über das Leben der Inuit wissen
möchtest, kannst du im Internet nachschauen:
www.schule-bw.de/schularten/grundschule/
kinderseiten/inuit

Texte und Bilder vergleichen
Informationen einholen

Bücher, Medien

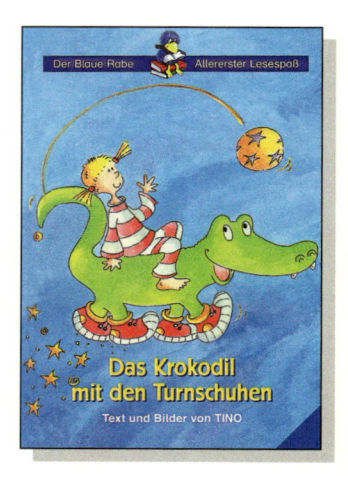

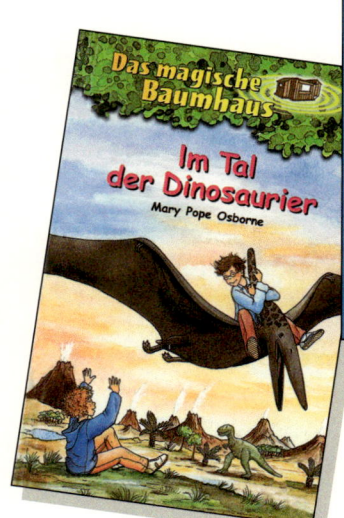

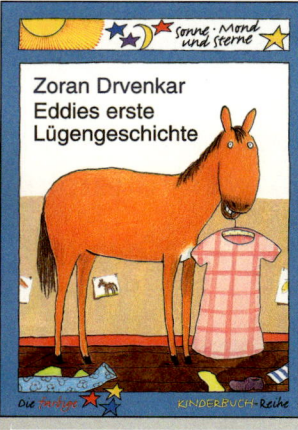

Auf ein Lesezeichen zu schreiben
Josef Guggenmos

Tollkühn legt die Räuberbraut
die sich einfach alles traut
in das Buch als Lesezeichen
Schokolade und dergleichen.
Aber dir
verehr ich hier
diesen Streifen
aus Papier.

1. Welche Geschichte würde dich interessieren?

2. Bringe dein Lieblingsbuch, deine liebste Hörkassette oder CD mit. Stelle die Geschichte den anderen vor.

Kinderbücher, CDs und Hörkassetten
kennen lernen
Ein Kinderbuch vorstellen

Bücher kann man lesen

Christine Frick-Gerke

Kind:
Bücher kann man lesen,
Bücher kann man angucken,
Bücher kann man mitnehmen
auf eine große, große Reise.

Buch:

Oh, sehr schön!

Bücher kann man immer wieder lesen,
Bücher kann man gemütlich durchblättern,
Bücher kann man einpacken
und überall mit hinnehmen.

Keine schlechte Idee!

Bücher kann man schön finden,
Bücher kann man schrecklich schön finden,
Bücher kann man eigentlich richtig lieb haben.

Mmmmm!

Bücher kann man streicheln,
Bücher kann man anknabbern.

Hör bloß auf!

Bücher kann man
im hohen Bogen in die Ecke schmeißen.

Ich glaub, du spinnst!

Verzeihung!

1 Was findest du an Büchern gut?

Einen Dialog vorlesen
Eigene Meinung äußern

Liebe Kinder,

im Jahr 1962 wurde ein Junge geboren.
Dieser Junge heißt TINO. Und der bin ich.
Ein Junge bin ich zwar nicht mehr,
aber ich schreibe Bücher für Kinder.
Als Kind wollte ich zuerst Clown werden.
Später wollte ich Musiker werden.
Jetzt bin ich Schriftsteller.
Außerdem male ich die Bilder
zu meinen Büchern.
Das macht Spaß.
Ich habe einen prima Arbeitsplatz.
Meine Geschichten fallen mir nämlich
in der Badewanne ein.
Die Badewanne steht in einem Haus.
Und das steht in Ettlingen bei Karlsruhe.
Es heißt „Villa Wundertüte".
Dort wohne ich mit meiner Frau Hede
und meinem kleinen Sohn Janik.
Ich reise gern durch die Welt,
durch Urwälder, Wüsten und große Städte.
Oft bin ich an Schulen.
Dort lese ich aus meinen Büchern vor,
ich bringe Sachen aus fernen Ländern mit
und ich male mit den Kindern.
Jedes Kind bekommt von mir ein Bild gezeichnet.
Wenn ihr möchtet,
komme ich auch gern einmal in eure Schule.

Liebe Grüße
Tino

Einen Autor kennen lernen

Der gelbe Ball

TINO

1 Tobias schloss die Tür auf.
Überall standen Kisten und Koffer herum.
Was für ein Durcheinander.
„Mama, Papa!", rief Tobias.
5 Er bekam keine Antwort.
Nie hatten die Eltern Zeit für ihn.
Tagsüber arbeiteten sie.
Und abends packten sie die Kisten vom Umzug aus.
Mutlos setzte sich Tobias auf einen Sessel.
10 „Ich bin ganz alleine", flüsterte er.
Und neue Freunde habe ich auch noch nicht, dachte er.
Die alten Freunde waren weit weg.
In der Stadt, in der Tobias vorher gewohnt hatte.
Er merkte, wie er immer trauriger wurde.
15 „Das ist ein blödes Spiel!", rief er plötzlich und sprang auf.
Da flog ein gelber Ball durch das offene Fenster.
Tobias fing ihn überrascht auf.
Im Fenster erschien ein grinsendes Mädchen.
„Hallo", sagte es. „Ich heiße Marga.
20 Seid ihr hier auch neu eingezogen? Wir schon."
Tobias war verwundert. Und er freute sich.
„Wir sind wohl beide neu hier", sagte er.
„Ist das dein Ball?"
Tobias warf dem Mädchen den Ball zu.
25 Er sauste knapp an ihrem Ohr vorbei
und kullerte über den Rasen.
Tobias rannte schnell nach draußen.
Lachend liefen Tobias und Marga
dem Ball hinterher.
30 Und das blöde Spiel von vorhin?
Das hatte Tobias glatt vergessen.

→ Ich bin ich, Seite 32/33:
Warum sprichst du so komisch?

Das Krokodil mit den Turnschuhen

TINO

*Elena und ihr Stoffkrokodil Kurt
unternehmen fast alles gemeinsam.
Kurt ist Elenas bester Freund.
Zum Glück ist Kurt auch da,
als Elena abends allein zu Hause ist.
Gemeinsam sehen sie eine Tiersendung
über Krokodile im Fernsehen.*

1 Da geschieht etwas Unheimliches:
Elena hört ein Scharren.
Es kommt vom Fenster!
Jetzt weiß Elena, wo die Krokodile sind.
5 Sie haben sich im Vorgarten versammelt.
„Ich bin ganz alleine", flüstert Elena.
Da fällt ihr Kurt wieder ein.
Den hat sie glatt vergessen. Vor lauter Angst.
„Hast du Angst?", fragt Kurt.
10 Elena zögert. Vielleicht lacht Kurt sie aus.
„Ja, ich habe Angst", sagt sie trotzdem.
Kurt lacht nicht.
„Du musst dich nicht schämen",
antwortet er.

15 „Angst ist wichtig. Wovor hast du Angst?"
Da erzählt Elena von den Krokodilen vor dem Fenster.
„Wollen wir nachsehen?", fragt Kurt.
Zuerst will Elena nicht.
„Trau dich", flüstert ihr Kurt zu.
20 Elena gibt sich einen Ruck.
Was ist vor dem Fenster?
Keine Krokodile. Nur der Wind.
Er fährt durch die Bäume.
Ein Ast schürft über den Fensterladen.
25 Das war das unheimliche Geräusch.
Elena ist erleichtert.
„Weißt du was?", sagt sie.
„Die Krokodile habe ich erfunden.
In meinem Kopf.
30 Hier gibt es keine Krokodile."
„Aber dich gibt es", antwortet Kurt.
„Und das ist schön."
Jetzt traut sich Elena auch ins Wohnzimmer.
Im Wohnzimmer flackert gelbes Licht.
35 Das Licht kommt vom Fernseher.
Elena knipst die Lampe an.
Sie sucht überall.
Unter dem Tisch, auf dem Schrank,
hinter dem Vorhang.
40 Doch Elena findet nichts Verdächtiges.
Kein Krokodil weit und breit.
Nicht einmal im Fernseher.
Der Tierfilm ist längst vorbei.
Elena schaltet den Fernseher aus.
45 Endlich kann sie lachen.
Elena lacht über sich selbst.
Krokodile in der Wohnung –
so ein Quatsch.

| Ein Kinderbuch kennen lernen | → Von seltsamen Wesen, Seite 108: Willi Wiberg und das Ungeheuer |

Das magische Baumhaus

Mary Pope Osborne

1 Philipp krabbelte durch das Loch
im Boden des Baumhauses. Toll!
Das Baumhaus war wirklich voller Bücher!
Überall Bücher! Ganz alte Bücher
5 mit staubigen Einbänden
und neue Bücher mit glänzenden,
bunten Einbänden.
„Schau nur, wie weit man von hier aus sehen kann!",
rief Anne und lehnte sich aus dem Fenster.
10 Philipp sah auch aus dem Fenster.
Unter ihnen waren die Wipfel der anderen Bäume.
In der Ferne sah er die Bücherei von Pepper Hill,
die Grundschule und den Park.
Anne deutete in eine andere Richtung.
15 „Da ist unser Haus!", sagte sie.
„Psst!", machte Philipp.
„Wir dürfen bestimmt nicht hier oben sein."
Es sah sich im Baumhaus um.
„Wem die Bücher wohl gehören?", fragte er.
20 Ihm fiel auf, dass aus einigen ein Lesezeichen heraussah.
„Das hier find ich gut!", sagte Anne und hielt ein Buch
mit einer Burg und Rittern auf dem Umschlag hoch.
„Hier ist auch eins über Pennsylvania", sagte Philipp.
Er schlug die Seite mit dem Lesezeichen drin auf.
25 „Hey, hier ist sogar ein Bild von Pepper Hill!",
sagte er überrascht. „Es ist ein Bild von diesem Wald!"
„Schau, hier ist ein Buch für dich!"
Anne hielt ein Buch über Dinosaurier hoch.
Ein blaues, seidenes Lesezeichen sah heraus.

1 Wie könnte die Geschichte weitergehen? Erzähle.

Ein Kinderbuch kennen lernen
Eine Geschichte weiterdenken

→ Die Welt um uns herum, Seite 70/71:
Wenn ich einen Garten hätte
→ Geschichten-Werkstatt, Seite 143:
Eine Geschichte weitererzählen

Buch-Tipp: Eddies erste Lügengeschichte

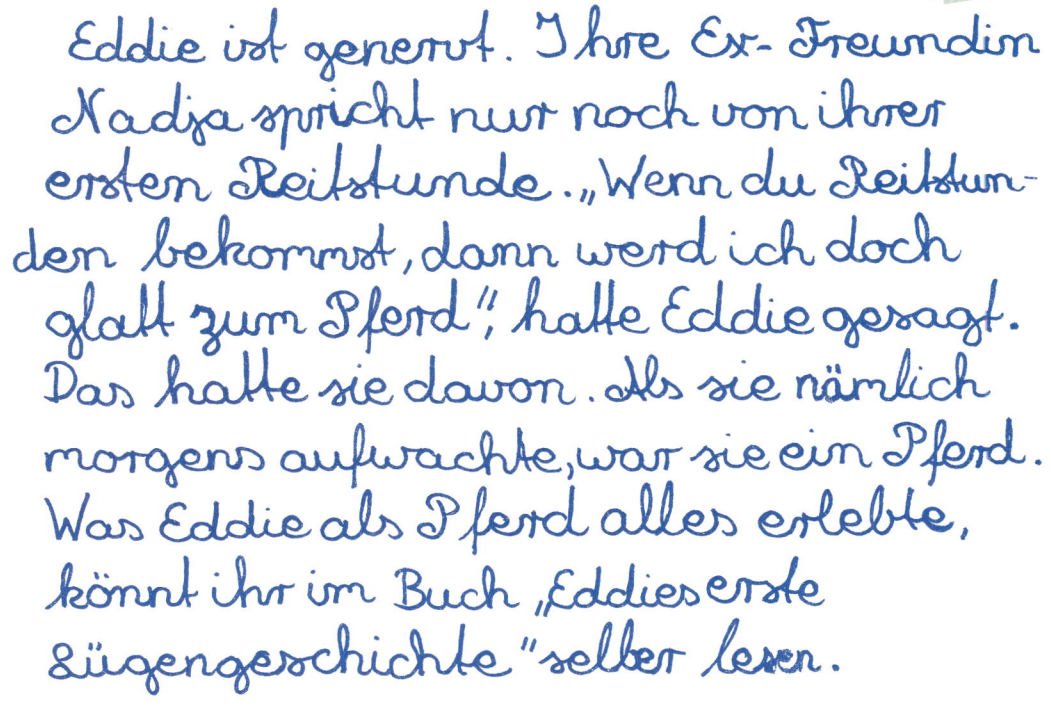

Eddie ist genervt. Ihre Ex-Freundin Nadja spricht nur noch von ihrer ersten Reitstunde. „Wenn du Reitstunden bekommst, dann werd ich doch glatt zum Pferd", hatte Eddie gesagt. Das hatte sie davon. Als sie nämlich morgens aufwachte, war sie ein Pferd. Was Eddie als Pferd alles erlebte, könnt ihr im Buch „Eddies erste Lügengeschichte" selber lesen.

Julian Kaufmann

Titel: Eddies erste Lügengeschichte
Autor: Zoran Drvenkar
Ich fand das Buch sehr witzig. Auch die vielen Bilder haben mir gut gefallen.

① Schreibe einen Buch-Tipp zu deinem Lieblingsbuch.

Titel und Autor benennen
Etwas zum Inhalt schreiben
Eigene Meinung aufschreiben

Weißt du es?

Friedl Hofbauer

1 Lene liest ein Buch.
Sie hält das Buch verkehrt herum
und murmelt vor sich hin.
„Du hältst ja das Buch verkehrt herum!", sagt Hans.
5 „So kann man doch nicht lesen!"
„Ich kann!", sagt Lene.
„Dann lies vor!", sagt Hans.
Lene liest vor:
„Ich habe einen dicken Maikäfer gesehen
10 mit einem Rucksack.
Da war der Mai drinnen.
Der Maikäfer hat mir den Rucksack geschenkt.
Dann ist er fortgeflogen."
„Du bist blöd", sagt Hans.
15 Er nimmt Lene das Buch weg und liest:
„Eine Katze hat vier Pfoten.
Vier Katzen haben vier mal vier Pfoten.
Vier mal vier Katzen haben
vier mal vier mal vier Pfoten.
20 Wie viele Pfoten haben
vier mal vier mal vier mal vier Katzen?"
„Ich weiß nicht", sagt Lene.
„Aber meine Geschichte ist schöner!"

Peter kann nicht lesen

Antoinette Becker

1 Peter kann nicht lesen.
Auch wenn er ein Bild mit einem Löwen sieht,
sagt er nicht Löwe, er sagt nichts.
Er versucht es immer wieder,
5 aber er erinnert sich an nichts.
Er sitzt oft ganz still und wartet,
manchmal weint er.
Aber beim Rechnen ist er großartig.
Ganz schnell rechnet er.
10 Und die Lehrerin sagt:
„Wer so gut rechnen kann,
der kann auch lesen."
„Eben das kann ich nicht",
denkt Peter.

Jahreszeiten, Feste und Feiern

Die Blätter an meinem Kalender
Peter Hacks

Die Blätter an meinem Kalender,
Die sind im Frühling klein
Und kriegen goldene Ränder
Vom Märzensonnenschein.

Im Sommer sind sie grüner,
Im Sommer sind sie fest,
Die braunen Haselhühner
Erbaun sich drin ihr Nest.

Im Herbst ist Wolkenwetter,
Und Sonnenschein wird knapp,
Da falln die Kalenderblätter,
Bums, ab.

Im Winter, wenn die Zeiten hart,
Hat es sich auskalendert.
Ich sitze vor der Wand und wart,
Dass sich das Wetter ändert.

März
Elisabeth Borchers

Es kommt eine Zeit
da nimmts ein böses Ende
mit dem Schneemann

Er verliert seinen schwarzen Hut
er verliert seine rote Nase
und der Besen fällt ihm
aus der Hand
Kleiner wird er von Tag zu Tag

Neben ihm wächst ein Grün
und noch ein Grün
und noch ein Grün

Die Sonne treibt
Vögel vor sich her
Die wünschen dem Schneemann
eine gute Reise

Frühling
Hilga Leitner

In meinem Garten
ist über Nacht
der Frühling erwacht.

Man kann ihn schon sehen:
Schneeglöckchen stehen
in dichten Reih'n.

Sie wecken die Vögel, die Wälder,
die Büsche, die Wiesen und Felder,
die ganze Welt
und dich
und mich.

Ostern
Ursula Schwarz

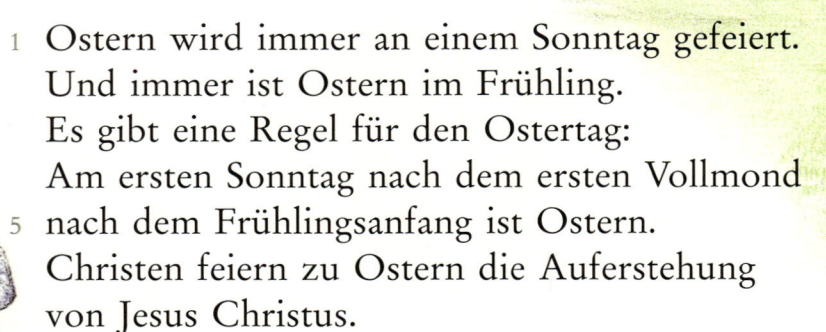

1 Ostern wird immer an einem Sonntag gefeiert.
Und immer ist Ostern im Frühling.
Es gibt eine Regel für den Ostertag:
Am ersten Sonntag nach dem ersten Vollmond
5 nach dem Frühlingsanfang ist Ostern.
Christen feiern zu Ostern die Auferstehung
von Jesus Christus.
Ganz wichtig für Ostern sind das Osterei
und der Osterhase.
10 Ostereier bedeuten in vielen Ländern ein Zeichen
für neues Leben, weil aus Eiern ja neues Leben entsteht.
Vor Ostern werden Eier bunt gefärbt, bemalt
oder schön verziert.
Kinder bauen aus Moos Osternester für die bunten Eier.
15 Am Ostermorgen suchen sie diese Eier mit viel Spaß.
Niemand weiß genau, woher der „Osterhase" kommt.
Im Frühling kann man auf dem Lande
oft Hasen und Kaninchen beobachten,
wie sie über Felder und Wiesen hoppeln.
20 Für das Osterfest wird auch viel aus Hefeteig gebacken:
Osterlämmer, Osterzöpfe oder kleine Kerle mit einem Ei
vor dem Bauch.
Ostern ist ein frohes Fest.
„Frohe Ostern!", rufen die Menschen,
25 wenn sie sich zu Ostern begegnen.

Einem Text Informationen entnehmen

Frühling im Klassenzimmer

Wie wäre es, wenn ihr euch einen eigenen kleinen Garten im Klassenzimmer anlegt? Dazu braucht ihr:

- eine flache Holzkiste
- bunte Plakafarben und Pinsel
- Plastikfolie
- Blumenerde
- Schaufel
- kleine Pflanzen
- Steine, Stöckchen

Malt als Erstes eure Holzkiste bunt an.
Nehmt dann eine Plastikfolie
und legt die Kiste damit aus.
Füllt nun die Blumenerde in die Kiste.
Jetzt könnt ihr Gänseblümchen oder Klee
auf Wiesen oder an Wegrändern
ausgraben und einpflanzen.
Vielleicht streut ihr auch noch
Blumensamen dazwischen.
Mit Steinen und Stöckchen könnt ihr
euren Garten schmücken.

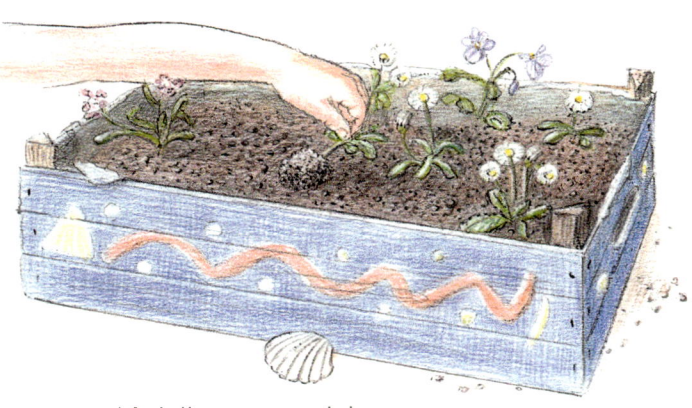

Anleitungen verstehen
und danach handeln
Projektorientiert arbeiten

Löwenzähne
Phillipp Günther

Auf der Sommerwiese blüht
Kopf an Kopf der Löwenzahn.
Weißt du, wie die gelbe Blume
zu dem Löwen-Namen kam?

Auf dem Stiel das Blütenhaupt:
goldne Löwenmähne.
Grün die Blätter, scharf gezackt:
spitze Löwenzähne.

Barfuß über Wiesen gehn
und durch Löwenzähne tappen.
Doch gib Acht, dass sie dir nicht
nach den Zehen schnappen!

Verblühter Löwenzahn
Josef Guggenmos

Wunderbar
stand er da im Silberhaar.

Aber eine Dame,
Anette war ihr Name,
machte ihre Backen dick,
machte ihre Lippen spitz,
blies einmal, mit Macht,
blies ihm fort die ganze Pracht.

Und er blieb am Platze
zurück mit einer Glatze.

Zum Muttertag

Georg Bydlinski

Zum Muttertag,
zum Muttertag
sag ich dir, dass ich dich mag,
sag ich dir, dass ich dich
brauch.
Und den Papa auch!

Liebe Mama

Georg Bydlinski

Ich mag's nicht,
wenn ich was aufsagen muss.
Mein Gedicht
ist ein *Kuss*.

Was ist das für ein Vogelei?

Josef Guggenmos

1 Es war an einem schönen Tag im Mai. Die Bäume blühten.
Gudrun, Rolf und Gisela spielten Fangen im Garten.
Plötzlich rief Gisela: „Ich hab was gefunden!"
Sie stand unter einem uralten Birnbaum,
5 der oben schon einige Löcher im Stamm hatte,
und starrte ins Gras.
Da lagen hübsche Vogeleierschalen.
Sie waren hellblau, ohne Tupfen oder Sprenkel.
„Von wem mögen die Eier sein?", fragte Gudrun.
10 „Von einer Meise sind sie bestimmt nicht", sagte Rolf.
„Dafür sind sie zu groß."
„Ich weiß es", sagte Gisela und sah am Birnbaum hinauf.
Oben flog gerade ein Vogel aus einem Loch.

Weißt du es auch?
15 Welcher Vogel legt die einfarbigen hellblauen Eier,
von denen man oft die Schalen im Garten findet?
Wenn du es nicht weißt, lies die Geschichte noch einmal
durch: In einem Wort ist der Vogel versteckt!

In „starrte" steckt der Star.
Der Star nistet in Baumlöchern
und in den künstlichen Höhlen,
die ihm der Mensch baut.

Genau lesen
Text und Bilder vergleichen

→ Von Katzen, Hunden
und anderen Tieren,
Seite 42/43:
Lebensraum Garten

Die jungen Amseln

Waltraud Schmidt/Christine Adrian

1 Im Frühling wird ein Nest gebaut,
gut geschützt in einer Hecke oder
in einem Baum. Das Nest wird ausgepolstert
mit Moos und weichen Gräsern.

5 Ist es fertig, legt die Amsel die Eier ins Nest.
Das können vier oder auch mehr
zartblaue Eier sein.

Dann beginnt die Amsel zu brüten.
Sie hockt sich in das Nest
10 und wärmt die Eier.

Nach vierzehn Tagen ist es so weit:
Die jungen Amseln schlüpfen aus den Eiern.
Sie haben noch geschlossene Augen
und sind ganz nackt. Noch zwei Wochen
15 lang müssen sie gut gewärmt werden.

Jetzt müssen die Eltern auch ständig
Futter herantragen: Insekten, Spinnen,
Würmer, Schnecken, aber auch Beeren
und Früchte. Die Amselkinder sperren
20 weit die Schnäbel auf!

Und eines Tages wollen sie das Nest
verlassen. Sie sind flügge geworden.
Das Fliegen ist anfangs gar nicht einfach.

Und noch lange folgen die jungen Amseln
25 den Eltern und betteln um Futter.

Amseln gibt es bei uns überall.
Sie werden auch Schwarzdrosseln genannt.

Text und Bilder vergleichen
Einem Text Informationen entnehmen

Sommerkinder

Melodie und Text: Rolf Zuckowski

Sommerkinder wollen jeden Tag zum Baden geh'n
und von früh bis spät nur die Sonne seh'n.
Sommerkinder wollen spielen irgendwo am Strand
und ein großes Eis in ihrer Hand.

1. Sie träumen von einer Dusche unterm Gartenschlauch
   und Hula-Hoop mit ihrem braun gebrannten Bauch.

2. Sie träumen von alten Freunden,
   die sich wiederseh'n,
   und Sommerferien,
   die nie zu Ende geh'n.

Eine Sommerüberraschung

KNISTER

1 An einem heißen Sommertag gehen Ulrike und Ulli
mit ihren Eltern ins Schwimmbad.
„Mir ist es hier in der Sonne zu warm", sagt Mutter.
„Dort, unter dem Baum, im Schatten, da ist es kühler."
5 Mutter und Vater legen sich in den kühlen Schatten.
„Ich geh lieber schwimmen", ruft Ulrike.
„Gute Idee!", sagt Vater. „Da komm ich gleich mit."
Vater, Ulrike und Ulli gehen ins Wasser.
„Brrr, ist das kalt!", ruft Ulli. Sie spielen und planschen.
10 Als sie aus dem Wasser kommen, spritzen sie Mutter nass.
Dann spielen sie zusammen Fangen.
Der Nachmittag ist schnell vorbei.
„Trocknet euch bitte gut ab", sagt Vater, „sonst erkältet
ihr euch. Wir müssen jetzt nach Hause gehen."
15 „Die Haare können wir doch von der Sonne
trocknen lassen!", ruft Ulli.
„Nein, die Haare werden abgetrocknet. Und vergesst nicht,
die nassen Badehosen auszuziehen!", bestimmt Vater.
Ulli und Ulrike ziehen sich um. Alle gehen nach Hause.
20 Auf dem Heimweg fängt es plötzlich an zu regnen.
Es regnet so heftig, dass alle Kleider ganz nass werden.
Endlich sind alle zu Hause angekommen.
Ihre Haare tropfen vor Nässe.
Ulrike lacht und sagt: „Da hätten wir ja gleich
25 die nassen Sachen anbehalten können."
„Und die Haare hätten wir auch nicht
abzutrocknen brauchen", sagt Ulli.
Er schüttelt lachend seinen Kopf,
dass die Wassertropfen
30 durch die Wohnung spritzen.

Eine Geschichte vorlesen

Der Wind vor dem Richter

Oskar Dreher

Richter: Wer hat was gegen den Wind zu klagen?

1. Kläger: Mir hat er ein Fenster entzweigeschlagen.
2. Kläger: Mich packte er wie einen Hund am Rock.
3. Kläger: Mir warf er vom Fenster einen Blumenstock.
4. Kläger: Mir zog er die Wäsche vom Seil auf den Rasen.
5. Kläger: Mir hat er die Zeitung vom Tisch geblasen.
6. Kläger: Mir hat er den Staub ins Gesicht geweht.
7. Kläger: Mir hat er den Regenschirm umgedreht.

Richter: Das sind ja ganz böse Geschichten.
Wer weiß nun was Gutes vom Wind zu berichten?

1. Zeuge: Mir wär' ohne Wind noch kein Drachen gestiegen.
2. Zeuge: Auch ich kann ihn brauchen beim Segelfliegen.
3. Zeuge: Er trocknet die Wäsche und trocknet die Erde.
4. Zeuge: Er lenkt doch die Wolken wie der Hund seine Herde.
5. Zeuge: Er ist auch ganz lustig, wenn er spielt mit den Hüten.
6. Zeuge: Und macht er nicht fruchtbar Millionen von Blüten?

Richter: Man bringe den Angeklagten hierher,
dann stelle er sich mal selber zur Wehr.

Diener: Herr Richter, ich suchte im ganzen Haus,
ich glaube, er flog zum Schornstein hinaus.

Richter: Dann ist er freilich nicht mehr zu fassen.
Wir wollen ihn weiterhin blasen lassen.

Eine Spielszene entwickeln

Herbstwind
Günter Ullmann

Erst spielt der Wind nur Fußball
mit Vaters bestem Hut,
dann schüttelt er die Bäume,
die Blätter riechen gut,

und lässt die Drachen leben
und wringt die Wolken aus.
Der Herbstwind lässt uns beben,
wir gehen nicht nach Haus.

Nebel
Ernst Kreidolf

Ich stehe am Fenster und schaue hinaus.
Seht doch: Verschwunden ist Nachbars Haus.
Sagt: Wo die Straße, wo der Weg,
wo sind die Häuser, wo der Steg?
Der Nebel bleibt hängen, hält alles versteckt,
hat Straßen und Häuser ganz zugedeckt.

➔ Gedichte-Werkstatt, Seite 155:
Der Nebel

Spiellied vom Heiligen Martin

Melodie: Hans-Werner Clasen
Text: Rolf Krenzer

Ein armer Mann, ein armer Mann, der klopft an viele Türen an.
Er hört kein gutes Wort und jeder schickt ihn fort.

2.
Ihm ist so kalt. Er friert so sehr.
Wo kriegt er etwas Warmes her?
Er hört kein gutes Wort
und jeder schickt ihn fort.

3.
Der Hunger tut dem Mann so weh,
und müde stapft er durch den Schnee.
Er hört kein gutes Wort
und jeder schickt ihn fort.

4.
Da kommt daher ein Reitersmann,
der hält sogleich sein Pferd hier an.
Er sieht den Mann im Schnee
und fragt: „Was tut dir weh?"

5.
Er teilt den Mantel und das Brot
und hilft dem Mann in seiner Not,
so gut er helfen kann.
Sankt Martin heißt der Mann.

6.
Zum Martinstag steckt jedermann
die leuchtenden Laternen an.
Vergiss den andern nicht!
Drum brennt das kleine Licht.

Eine Nikolauslegende

Hubertus Halbfas

1 Als Nikolaus Bischof in der Stadt Myra war, entstand nach einer langen Trockenheit eine furchtbare Hungersnot. Die Menschen wurden schwach und krank. Da legte eines Tages ein Schiff im Hafen an, das Weizen geladen hatte.
5 Dieser Weizen war für die Stadt Rom bestimmt, in der der Kaiser lebte.
Nikolaus eilte zum Hafen hinab und bat den Kapitän, ihm hundert Säcke Getreide für die hungernden Menschen in seiner Stadt zu geben, damit sie nicht umkämen und neuer
10 Weizen gesät werden könne. Aber der Kapitän weigerte sich. „Das Korn ist genau gemessen worden", sagte er. „Es ist für die kaiserlichen Scheuern bestimmt. Wenn etwas fehlt, geht es mir an den Kragen." Da entgegnete der Bischof: „Seid ohne Sorge und gebt mir die hundert Sack Weizen. Ich verspreche
15 euch, dass euch nichts fehlen wird, wenn ihr in Rom seid!" Der Kapitän ließ sich erweichen und gebot seinen Matrosen, hundert Sack Korn für den Bischof der Stadt Myra abzufüllen. Als das Schiff in Rom landete und die kaiserlichen Aufseher das Getreide maßen, hatten sie genauso viel, wie
20 in den Papieren stand. Der Kapitän und seine Besatzung wunderten sich sehr darüber und erzählten überall davon. Der Bischof Nikolaus aber ließ das Korn austeilen. Die hundert Säcke reichten zwei Jahre, um die Stadt über die nächste Ernte hinaus zu versorgen.

Weihnacht

Josef Guggenmos

„Christkind ist da",
sangen die Engel im Kreise
über der Krippe
immerzu.

Der Esel sagte leise
I-a
und der Ochse sein Muh.

Der Herr der Welten
ließ alles gelten.
Es dürfen auch nahen
ich und du.

Im Weihnachtsstall zu Bethlehem

KNISTER

Im Weihnachtsstall zu Bethlehem,
da war es schrecklich unbequem.

Der Wind blies rau und eisig kalt
durch jeden Tür- und Bretterspalt.

Maria, Josef und das Kind,
die zitterten im Winterwind.

Fünf Schafe kamen von dem Feld
und haben sich dazugesellt.

Schnell rückten alle dicht an dicht,
so fühlte man die Kälte nicht.

Wie die Christrose entstand

Ungenannter Autor

1 In der Heiligen Nacht sprachen die Hirten zueinander:
„Kommt, lasset uns nach Bethlehem gehen
und sehen, was da geschehen ist!"
Und sie machten sich eilends auf.
5 Jeder nahm ein Geschenk mit:
Butter und Honig,
einen Krug mit Milch,
Wolle vom Schaf
und ein warmes Lammfell.
10 Nur ein Hirtenknabe hatte nichts zum Schenken.
Er suchte auf der Winterflur nach einem Blümchen.
Er fand keins.
Da weinte er,
und die Tränen fielen auf die harte Erde.
15 Sogleich sprossen aus den Tränen Blumen hervor,
die trugen Blüten wie Rosen.
Fünf Blütenblätter, zart und weiß,
standen zum Kelch zusammen,
daraus ein Kranz von goldenen Staubgefäßen
20 gleich einer Krone hervorleuchtete.
Voll Freude pflückte der Knabe
die Blumen und brachte sie
dem göttlichen Kind in der Krippe.
Seit der Zeit blüht diese Blume
25 jedes Jahr in der Weihnacht auf,
und die Menschen nennen sie Christrose.

Spatzenjanuar
James Krüss

Weiß steht der Wald,
sagen die Spatzen,
und es ist kalt,
sagen die Spatzen.
Doch Eis und Schnee,
sagen die Spatzen,
tun uns nicht weh,
sagen die Spatzen.

Im Federkleid,
sagen die Spatzen,
sind wir gefeit[1],
sagen die Spatzen.
Doch eins tut not,
sagen die Spatzen:
Ein bisschen Brot,
sagen die Spatzen.

Verschneite Welt
Josef Guggenmos

Herrlicher, glitzernder Schnee
liegt, wohin ich seh.
Wir fahren Ski,
juchhe!

Uns gefällt
die verschneite Welt.
Aber, mein Lieber,
andere denken anders darüber.

Vergraben liegt Gras und Klee.
Zu dem schönsten Pulverschnee
sagt das Reh:
O weh!

1) gefeit = geschützt, sicher

Winter

Wolfgang Menzel

Was im Winter Freude macht?
Schlittenfahren, Schneeballschlacht.
Draußen toben, bis die Ohren
und die Finger rot gefroren.

Mir den Schnee vom Handschuh lecken.
Meine Mutter zu erschrecken
und ihr eine Hand voll Schnee
oben in den Kragen stecken.

Schneemann bauen, Schlittschuh laufen,
durch den Schnee spazieren gehn.
Und es ist besonders schön,
von dem riesengroßen Haufen
Schnee ganz schnell hinabzurutschen
auf dem Hintern oder auch
auf dem Bauch.

Von seltsamen Wesen

Vivienne Goodman: Was meinst du?

Zu einem Bild erzählen

Das Haus im Moor, eine Gruselgeschichte
Erwin Moser

1 Einsam steht ein Haus im Moor. Es ist Vollmond.
Leise gluckst es im Sumpf
und eine zerzauste Pappel rauscht im Wind.
Es ist kurz vor Mitternacht.
5 Werden sie heute wieder kommen? Wer?
Na, die Sumpfgeister, die Moorhexen,
die glotzäugigen Wassermänner, die Fledermäuse,
die Wasserwölfe, die Bisamratten, die Schilfzwerge,
die langen Schlangen, die Moorgespenster
10 und die Vampire.
Noch ist es still. Noch rührt sich nichts.
Vielleicht trauen sie sich heute
nicht aus ihren Schlupflöchern,
weil der Mond so hell scheint?

1 Suche dir eines der gruseligen Wesen aus und male ein Bild davon.

Innere Vorstellungsbilder entwickeln

Vampire flattern durch die Nacht

Annika Groll (10 Jahre)

Vampire flattern durch die Nacht
zum großen Vampirfeste,
die Fledermäuse halten Wacht,
es kommen viele Gäste.

Sie fletschen die Zähne
und tanzen im Kreis,
es wirbelt die Mähne
– gegessen wird Eis.

Sie johlen laut mit viel Geschrei,
das Vampirkind wird 104.

1 Welche verrückten Dinge können die Vampire noch auf ihrem Fest anstellen?

Ein Gedicht weiterdenken

Dracula-Rock

Melodie und Text: Fredrik Vahle

Wer hat Angst vor Dra-cu-la? Wer hat Angst vor Dra-cu-la, wenn er er-wacht um Mit-ter-nacht?

1. Die Uhr schlägt zwölf. Was ist denn das? Ver-flixt noch-mal, da rührt sich was. Da klap-pert ein Ge-biss, wie toll! Herr Dra-cu-la tanzt Rock 'n' Roll. Bei Nacht, bei Nacht, bei Nacht, bei Nacht, im Schi-Scha-Schu-bi-dupp Mon-den-schein.

2. Er hat die Ringelsocken an
und tanzt so schaurig schön, der Mann.
Die Fledermäuse wundern sich.
So kennen sie ihr Herrchen nicht.
Bei Nacht, bei Nacht, bei Nacht, bei Nacht,
im Schi-Scha-Schubidupp Mondenschein.

3. Nur einmal ist er so geschafft.
Er trinkt statt Blut nur Traubensaft.
Dann springt er wieder auf wie toll.
Wer ist der King beim Rock 'n' Roll?
Herr Dracula, Herr Dracula,
im Schi-Scha-Schubidupp Mondenschein.

Willi Wiberg und das Ungeheuer
Gunilla Bergström

1 Und hier liegt Willi also – wach.
War das ein trauriger Tag. Der Fußball weg.
Und es kam ein bisschen Blut,
als er den Kleinen geschlagen hat …
5 (Er hat heute jemanden geschlagen, der kleiner ist als er …)
Oh!
Was war das?
War da nicht ein Geräusch?
Hat da nicht etwas geknurrt?
10 Willi liegt ganz still und lauscht.
Da hat sich doch was bewegt?
Da war es wieder.
Plötzlich begreift er es:
UNTER SEINEM BETT IST EIN UNGEHEUER.
15 Ein großes, wildes Ungeheuer, das da liegt
und lauert und ihn bewacht …
Er traut sich nicht nachzusehen.
Aber das braucht er auch nicht.
Willi weiß ja, dass das Ungeheuer da ist.
20 Er liegt lange wach und lauscht, ob
er das Ungeheuer noch hören kann.
Schließlich fällt ihm ein,
dass er dem Kleinen morgen
sein gelbes Spielzeugauto schenken könnte.
25 Ja! Er wird nett zu dem Kleinen sein.
Gleich morgen nimmt er
das Spielzeugauto mit
und geht zu dem Kleinen und redet mit ihm!
Danach schläft Willi sofort ein
30 und kümmert sich nicht mehr
um das Ungeheuer unterm Bett.

→ Bücher, Medien, Seite 80/81:
   Das Krokodil mit den Turnschuhen

Leise Geräusche

KNISTER

Tags, wenn viele Menschen reden
und dazu das Radio spricht,
tags, wenn all die Autos fahren,
hört man diese Sachen nicht.

Nachts, wenn es ganz leise ist
und niemand mehr die Ruhe stört,
dann hört man all die leisen Dinge,
welche man am Tag nie hört:

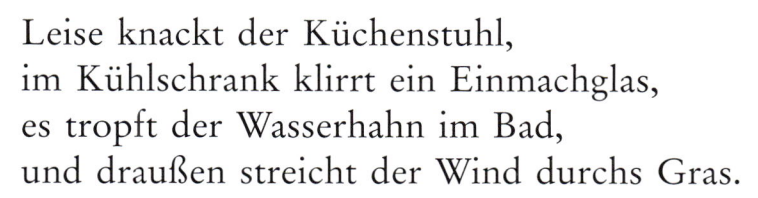

Leise knackt der Küchenstuhl,
im Kühlschrank klirrt ein Einmachglas,
es tropft der Wasserhahn im Bad,
und draußen streicht der Wind durchs Gras.

Zauberwort

Frantz Wittkamp

In Angst und Entsetzen liege ich still.
Kein Zweifel, dass er mich auffressen will.
Da sage ich leise das Zauberwort –
ich öffne die Augen, schon ist er fort.

1. Hast du auch schon einmal nachts wach gelegen? Erzähle.

→ Ich bin ich, Seite 25:
  Was uns die Angst nimmt
→ Gedichte-Werkstatt, Seite 149:
  Gedichte lesen und schreiben

Das Traumfresserchen

Michael Ende

Prinzessin Schlafittchen lebt in Schlummerland. Dort ist Schlafen für alle Leute das Wichtigste. Aber Schlafittchen will nie ins Bett gehen, weil sie sich so sehr vor bösen Träumen fürchtet. Also macht sich der König auf die Suche nach einem Mittel gegen die bösen Träume.

1 „Ich suche jemand", erwiderte der König,
„der meine kleine Tochter Schlafittchen
von ihren bösen Träumen befreien kann."
Das mondlichtige Männchen machte einen Luftsprung
5 und war nun plötzlich sehr höflich.
„Zibbeldibix!", wisperte es. „Da werde ich also heute
doch noch was Vernünftiges zu schlucken kriegen!
Man lädt mich ein! Man lädt mich ein!
Rasch, gib mir deinen Mantel!
10 Und deine Stiefel brauche ich auch!
So, und jetzt noch deinen Stock,
damit ich zu der Einladung gehen kann."
Der König war so verdutzt,
dass er ihm alles gab, ohne sich zu wehren.
15 „Du denkst wohl, ich will dir die Sachen einfach wegnehmen, he?", kicherte das Kerlchen.
„Das will ich auch. Bin aber doch kein Räuber.
Wirst gleich sehen, dass du gut dran
getan hast, dich nicht zu weigern.
20 Jetzt kann uns allen dreien geholfen werden,
dir, deinem Kind, aber vor allem mir,
dem Traumfresserchen!"

Dann pfiff es und schnalzte mit der Zunge,
und ehe der König noch „Wieso?" fragen konnte,
25 hatte das Männchen die Sachen verwandelt:
Der Mantel wurde ein großer Bogen
schönes weißes Papier,
der Stock wurde ein gewaltiger Federhalter
und die Stiefel ein riesiges Tintenfass.
30 Das Kerlchen tunkte die Feder in die Tinte
und malte in Windeseile folgenden Spruch
auf das Papier:

Traumfresserchen, Traumfresserchen!
Komm mit dem Hornmesserchen!
35 Komm mit dem Glasgäbelchen!
Sperr auf dein Schnapp-Schnäbelchen!
Träume, die schrecken das Kind,
die lass dir schmecken geschwind!
Aber die schönen, die guten sind mein,
40 drum lass sie sein!
Traumfresserchen, Traumfresserchen,
dich lad ich ein!

1 Wie könnte die Geschichte weitergehen?
Erzähle.

Ein Kinderbuch kennen lernen
Eine Geschichte weiterdenken

→ Geschichten-Werkstatt, Seite 143:
Eine Geschichte weitererzählen

Richtige Gespenster

Andreas Röckener

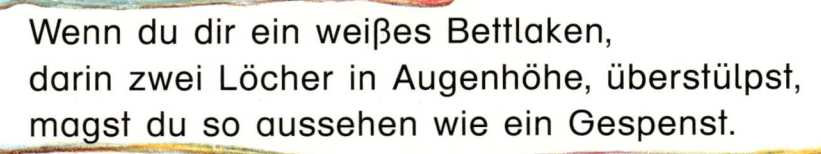

Wenn du dir ein weißes Bettlaken,
darin zwei Löcher in Augenhöhe, überstülpst,
magst du so aussehen wie ein Gespenst.

Trotzdem bist du kein richtiges Gespenst.
Denn kein Mensch kann ein richtiges Gespenst
nachmachen.

Wenn ein richtiges Gespenst dahergleitet,
hört man kein Geräusch.

Man hört es erst, wenn es ganz nah
herangekommen ist und anfängt zu [...]
ja, was ist es eigentlich, was es von sich gibt?

Kein Mensch kann das nachmachen.
Auf keiner Geisterbahn ist das richtig zu hören.

Ein richtiges Gespenst besteht auch nicht
aus einem Bettlaken.
Es ist ein ganz besonderer Stoff, kratz- und reißfest.
Er knittert nie und wird nie schmutzig.

Ich weiß das alles, denn ich bin selbst ein Gespenst.

1 Lies diese Seite.
Dann weißt du etwas über richtige Gespenster.

2 Willst du noch mehr erfahren und es genau wissen,
dann lies die Geschichte über beide Seiten.
Lies immer erst einen Abschnitt links, dann einen rechts.

3 Ihr könnt die Geschichte auch in zwei Gruppen lesen,
immer abwechselnd, links, rechts.

Differenzierendes Lesen → Gedichte-Werkstatt, Seite 154:
Gedichte auseinander nehmen

Wenn du so verkleidet nachts um zwölf
in das Schlafzimmer der Eltern trittst,
dabei laut „Buuh" schreist,
dann werden sie sich womöglich erschrecken.

Dazu müsste ein Mensch zum Beispiel „gleiten" können.
„Gleiten" kommt kurz vor fliegen.

Anders würde auch jeder sofort das Gespenst bemerken.

Etwas zwischen Jaulen und Stöhnen, Winseln
und Kichern. Es kijaustöhinselt.

Die große Kunst ist, das Kijaustöhinseln
so zu kijaustöhinseln, dass ein Echo entsteht.
In großen Hallen oder Treppenhäusern ist das
recht einfach, in kleinen Besenkammern
(zum Beispiel) sehr, sehr schwierig.

Der Stoff ist außerdem mit einer speziellen Schicht
überzogen. Ganz selten kommt es einmal vor,
dass ein Mensch ein Gespenst ergreifen kann.
Die Stoffschicht befähigt das Gespenst,
rasch wieder aus der Hand zu schlüpfen.
Ein Gespenst kann noch vieles mehr.

Aber ich darf nicht zu viel verraten.
Wenn ich jetzt schreibe, wo wir uns tagsüber
aufhalten und wie es in der Gespensterschule
so zugeht, kriege ich Ärger
mit der Gespensteraufsichtsbehörde.

Bastelanleitung

Styroporkugeln

altes Betttuch

Finger durch
Loch im Betttuch

an
Stäbe
anbinden

Besen
bewegen;
das
Gespenst
wächst

Taschen-
lampen
leuchten

Anleitungen verstehen und
danach handeln
Projektorientiert arbeiten

Zauberspruch
Max Kruse

Nimm Entenfedern, Löwenzahn
und einen Löffel Lebertran.
Sprich Hunke-munke-mops dabei
und mische einen dicken Brei.

Schmier dir die Nasenspitze ein
und stell dich in den Mondenschein.
Und schwebst du nun nicht in die Nacht,
dann hast du was verkehrt gemacht.

Wisper knisper
Max Kruse

Wisper
knisper
Wurzelfee,
wer mich sucht,
dem tu ich weh.
Beiß ihn
in den großen Zeh –
werf ihn
in den Tümpelsee –
tunke ihn
ins Glibbermoor –
kneif ihn
in sein Lumpenohr –
drehe ihm
die Nase quer …
Wenn du Mut hast –
komm nur her!

1 Erfinde selbst einen Zauberspruch.

Einen Spruch entwickeln und aufschreiben

→ Theater-Werkstatt, Seite 161: Zauberspiel
→ Theater-Werkstatt, Seite 168: Morgens früh um sechs

In unserem Land

Baden-Württemberg

Hockenheimring

Schwabenpark bei Welzheim

Altes Schloss Stuttgart

Mannheim, Heidelberg, Tauberbischofsheim, ODENWALD, Neckar, Karlsruhe, Heilbronn, Schwäbisch Hall, Pforzheim, Baden-Baden, Stuttgart, Göppingen, Heidenheim, Rhein, SCHWARZWALD, Tübingen, ALB, Neckar, Reutlingen, SCHWÄBISCHE, Rottweil, Ulm, Freiburg, Donau, Tuttlingen, Konstanz, Friedrichshafen, Rhein, Bodensee

Nebelhöhle bei Reutlingen

Triberger Wasserfall

Insel Mainau im Bodensee

Grenze
Stadt
Fluss
Region

1 Was kennst du hier? Erzähle.

Zu Bildern erzählen

Hockenheimring
Auf dem Hockenheimring fahren Autofahrer
und Motorradfahrer ihre Rennen.
Der Hockenheimring hat viele Kurven.
Dafür ist er in der ganzen Welt bekannt.

Altes Schloss Stuttgart
Das Alte Schloss liegt mitten in Stuttgart.
Früher lebten im Schloss Grafen und Herzöge.
Heute ist darin ein Museum.

Schwabenpark bei Welzheim
Der Schwabenpark ist ein Erlebnispark.
Hier kannst du mit dem Riesenrad
oder einer Kindereisenbahn fahren.
Du kannst auch viele Tiere sehen.

Nebelhöhle bei Reutlingen
Auf der Schwäbischen Alb gibt es viele Höhlen.
Die Nebelhöhle ist eine sehr große Tropfsteinhöhle.
Du kannst die Höhle besuchen
und dir die geheimnisvollen Steine anschauen.

Insel Mainau im Bodensee
Die Insel Mainau liegt im Bodensee.
Auf der Insel steht ein wunderschönes Schloss.
Außerdem gibt es große Gärten.
Darin wachsen viele Blumen aus fremden Ländern.

Triberger Wasserfall
Der Triberger Wasserfall ist berühmt,
weil er ein besonders hoher Wasserfall ist.
Während du das Wasser rauschen hörst,
kannst du die Eichhörnchen im Wald füttern.

Für kleine und große Techniker

In Mannheim gibt es ein großes Museum,
in dem du viele Dinge von früher sehen kannst.
Das ist das Landesmuseum für Technik und Arbeit.
Bilder und Fotos zeigen, wie die Menschen früher
gearbeitet haben und welche Werkzeuge sie benutzten.
Dort erfährst du, wie die Eisenbahn erfunden wurde.
Es wird erklärt, wie aus Dörfern große Städte wurden,
als eine Eisenbahnstrecke durch den Ort gebaut war.
Du kannst sogar mit einer alten Dampfeisenbahn fahren.

Ihr könnt auch in einer Werkstatt
selbst Dinge ausprobieren.
Wisst ihr zum Beispiel,
wie Papier hergestellt wird?
Das könnt ihr in der Werkstatt lernen.
Natürlich dürft ihr am Schluss
euer eigenes Papier mitnehmen.

Früher in der Schule

Darüber kannst du im Schulmuseum
in Friedrichshafen etwas erfahren.
Dort sind Dinge ausgestellt, die es
heute in der Schule nicht mehr gibt:
alte Schulbänke, auf denen vielleicht
einmal dein Urgroßvater gesessen hat.
Du kannst ein altes Klassenzimmer
besuchen und ausprobieren,
wie man früher auf Schiefertafeln schrieb.
Viele Bilder und Fotos erzählen Geschichten vom Lernen
in alten Zeiten, in denen der Lehrer im Winter noch selbst
den Ofen im Klassenzimmer anheizen musste.
Die Kinder brachten dafür Holz von daheim mit.

→ Die Welt um uns herum, Seite 68:
   Holz aus unseren Wäldern
→ Geschichten-Werkstatt, Seite 136:
   Wörter in Geschichten einsetzen

Tiere – früher und heute

Dass vor langer, langer Zeit einmal Dinosaurier
auf der Erde gelebt haben, weißt du sicher schon.
Weißt du aber auch, welche erstaunlichen Lebewesen
es früher noch gab?

Das kannst du im Naturkundemuseum in Stuttgart erfahren.
Ein Teil davon ist im Museum am Löwentor.
Dort sind jede Menge Fossilien zu sehen.
Das sind Versteinerungen von Tieren.
Der andere Teil des Museums ist das Schloss Rosenstein.
Dort erfährst du etwas über Tiere, die heute leben:
Hase und Fuchs, Fisch und Frosch, Vogel und Fliege.

Das Museum hat eine Internetseite extra für Kinder.
Die Eidechse Exi erklärt euch Spiele und stellt Tiere vor.
Gebt die Adresse einmal in den Computer ein
und lasst euch überraschen:
www.naturkundemuseum-bw.de/stuttgart/kinder/

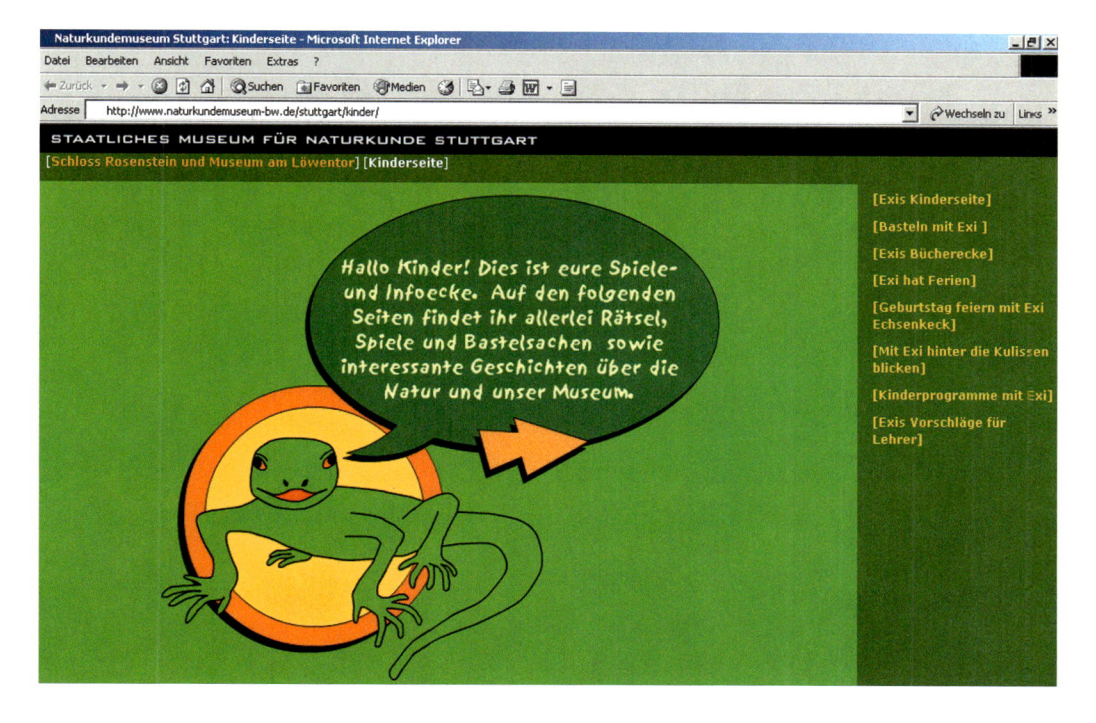

Informationen einholen

→ Theater-Werkstatt, Seite 167:
Bei den großen Dinosauriern

D'Bäure hot d'Katz verlorn

Text und Melodie: aus Schwaben

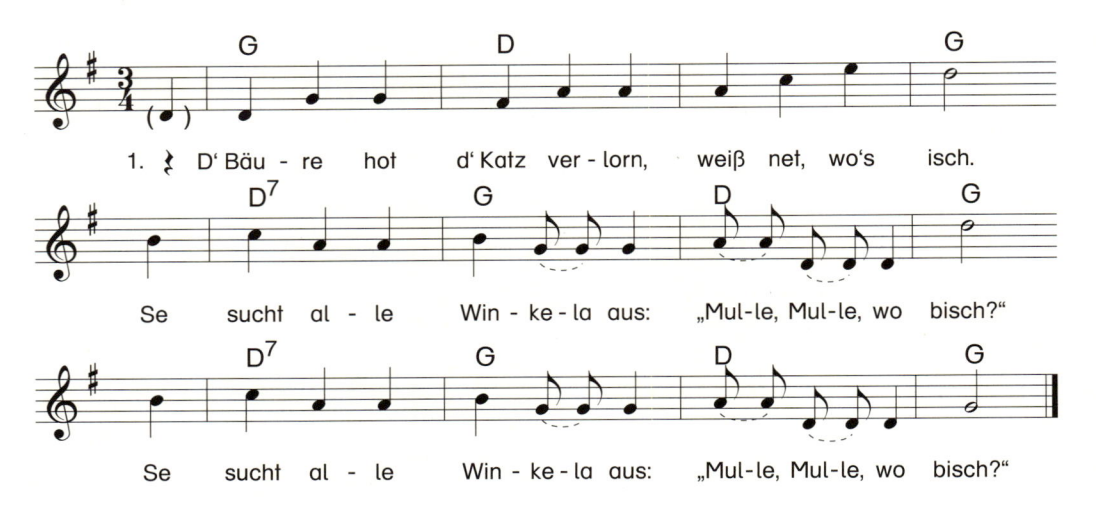

1. D'Bäu-re hot d'Katz ver-lorn, weiß net, wo's isch.
   Se sucht al-le Win-ke-la aus: „Mul-le, Mul-le, wo bisch?"
   Se sucht al-le Win-ke-la aus: „Mul-le, Mul-le, wo bisch?"

2. Im Höfle, im Gärtle, was jammert se schwer:
   „O Mulle, liebs Mulle, so gang mr doch her!
   O Mulle, liebs Mulle, so gang mr doch her!

3. I koch dir a Süpple, tua Brocka dranei.
   O Mulle, liebs Mulle, komm doch wieder heim!
   O Mulle, liebs Mulle, komm doch wieder heim!"

4. Was fällt jetzt dr Bäure ganz siedigheiß ei?
   Dort oba aufm Boda, im Heu drin könnt's sei!
   Dort oba aufm Boda, im Heu drin könnt's sei!

5. Sie steiget herzklopfet am Leiterle nauf,
   ka's fast et verschnaufa, macht's Falltürle auf.
   Ka's fast et verschnaufa, macht's Falltürle auf.

6. Guckt eine, guckt außer, jetzt horch, wie se lacht:
   „Potztausig, mei Mulle, a Schläfle hot's gmacht!
   Potztausig, mei Mulle, a Schläfle hot's gmacht!

7. Jetzt, dass de hao gfonda, bin i aber froh.
   O Mulle, liebs Mulle, jetzt bisch wieder do!
   O Mulle, liebs Mulle, jetzt bisch wieder do!"

→ Von Katzen, Hunden und anderen Tieren, Seite 39: Überraschung

Pferdle & Äffle

Armin Lang/Julius Senderski

Schlabbinchen: Wie macht mer dann e Schtatue vun eme Elefant?
Pferdle: Ganz oifach. Mr haut von ma ganz große Stoi älles weg, was net wie an Elefant aussieht.

Äffle: I kann net ei'schlofa.
Pferdle: Und warom net?
Äffle: Weil i no net woiß, was i träume soll.

Schlabbinchen: Hosch du die Fisch do ganz ällää g'fange?
Äffle: Noi, a paar Würmer hend mr dabei g'holfa.

Texte im Dialekt lesen

Wie die Brezel entstanden sein soll

Renate Donig

1 In einer Stadt in Schwaben lebte vor langer Zeit einmal
ein Bäcker, der die herrlichsten Torten und Kuchen
backte. Jeden Morgen musste sein Sohn einen Korb
mit frisch gebackenen Milchbrötchen ins nahe gelegene
5 Schloss tragen, wo der König und die Königin
sich schon auf ihr Frühstück freuten. Aber eines Tages
hatte die Katze den Milchkrug umgeworfen, und so fehlte
dem Bäcker die Milch zum Backen.

Da backte er die Brötchen mit Wasser, und sie gerieten
10 ganz klein und hart. Der König biss sich fast
einen Zahn aus und wurde furchtbar wütend.
Auf der Stelle war der Bäcker entlassen. Aber der
bettelte und bat, und der König bekam Mitleid
und sprach: „Wenn du bis morgen früh ein Brötchen
15 backst, durch das dreimal die Sonne scheinen kann,
darfst du bleiben. Aber es muss aus einem Stück sein
und gut schmecken!"

Traurig ging der Bäcker nach Hause. Wie sollte er nur solch eine schwere Aufgabe lösen? Er knetete und
20 formte, grübelte und probierte die halbe Nacht. Schließlich rollte er in Gedanken ein Stück Teig zwischen den Händen. Da entstand eine dünne Teigrolle. Und aus Verzweiflung und Zorn, und weil er seine Sache schon verloren glaubte, warf der Bäcker den
25 Teig an die Decke. Aber der blieb dort nicht, wie erwartet, kleben, sondern löste sich ganz, ganz langsam und plumpste als seltsam verschlungenes Gebilde aufs Backblech. Der Bäcker traute seinen Augen nicht: Vor ihm lag ein Brötchen, durch das
30 dreimal die Sonne scheinen konnte! Schnell in den Ofen damit!

„Die Aufgabe hast du aufs Beste gelöst", sagte am Morgen der König, „aber wie heißt das Gebäck?" Der Bäcker überlegte. „Brutzel", murmelte er schließlich,
35 weil das Brötchen so schön im Ofen gebrutzelt hatte. „Ah, Brezel", wiederholte der König, der schon ein wenig schwerhörig war, „das ist ein guter Name." Und von da an wollten der König und die Königin nur noch Brezeln zum Frühstück essen.

1 Welche Aufgabe musste der Bäcker erfüllen, damit er weiter für den König backen durfte?

Fragen beantworten

Sprachen
Ursula Wölfel

1 Eine Familie zog weit weg in eine andere Stadt.
Die Kinder gingen gleich am ersten Tag einkaufen.
Sie sollten Wurst und Brötchen für die Möbelmänner holen
und der Vater brauchte Nägel.
5 Als die Kinder zurückkamen, riefen sie: „Hier gibt es keine Wurst
und keine Brötchen! Hier gibt's nur Woscht und Weck!
Und Nägel gibt es hier auch nicht, nur Neeschel!"
Sie lachten und lachten.
Am nächsten Tag lernten sie die Nachbarskinder kennen.
10 Sie fragten: „Darf man hier auf der Straße Rollschuh laufen
und seilspringen?" Die Nachbarskinder sagten:
„Bei uns uff de Gass derf mer laafe un hippe, wie mer will." [...]
Und die Nachbarskinder lachten und lachten. [...]
In den Ferien reisten die Kinder mit ihren Eltern
15 in ein anderes Land. Sie wohnten dort im Zelt
auf dem Campingplatz, und den ganzen Tag spielten sie
mit den Kindern aus den anderen Zelten und den Wohnwagen.
Das waren Kinder aus Frankreich, England und Italien.
Am Anfang konnte keiner den anderen verstehen.
20 Wenn die Kinder aus Deutschland „Baum" sagten, dann sagten
die Kinder aus Frankreich: „arbre", und die Kinder aus England
sagten: „tree", und die Kinder aus Italien sagten: „albero".
Manchmal konnten sich auch alle gut verstehen.
Die Kinder aus Deutschland sagten: „Ball", und die Kinder aus
25 Frankreich sagten: „balle", und die Kinder aus England sagten:
„ball", und die Kinder aus Italien sagten: „palla".
Bald konnte jeder ein paar Wörter aus den anderen Sprachen.
Dann waren die Ferien zu Ende und die Kinder fuhren wieder
nach Hause. Unterwegs fragten sie ihre Eltern: „WARUM
30 SPRECHEN DIE MENSCHEN VERSCHIEDENE SPRACHEN?"
„Weil sie in verschiedenen Gegenden oder Ländern wohnen",
sagte der Vater.

→ Ich bin ich, Seite 32/33:
Warum sprichst du so komisch?

Begrüßungen

Guten Tag!
Deutschland

Grüß Gott!
Schwaben

Grüezi!
Schweiz

Hello!
England

Merhaba!
Türkei

¡Buenos días!
Spanien

Bonjour!
(Bonschur!)
Frankreich

Καλημέρα!
(Kalimera!)
Griechenland

Dọbar dān!
(Dobr dan!)
Kroatien

Buon giorno!
(Buon dschorno!)
Italien

שלום!
(Schalom!)
Israel

Здраьстьуйте!
(Sdrastwuitje!)
Russland

Andere Sprachen und Schriftzeichen kennen lernen

Das dicke Ei

Texte nach eigenem Interesse auswählen

Kleine Sachen zum AUCH – SO ähnlich MACHEN

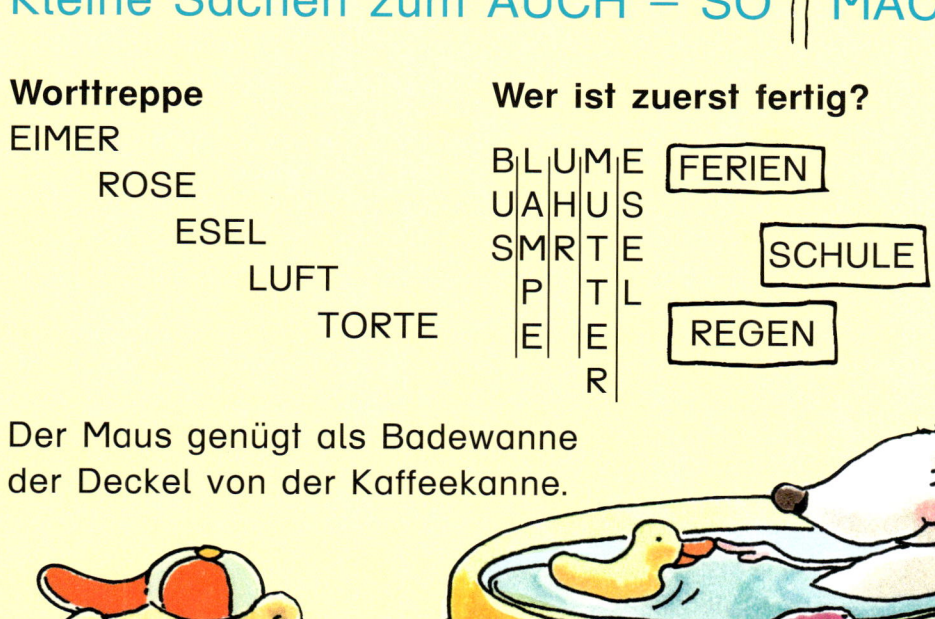

Worttreppe
EIMER
    ROSE
        ESEL
            LUFT
                TORTE

Wer ist zuerst fertig?

```
B L U M E
U A H U S
S M R T E
  P   T L
  E   E
        R
```

FERIEN
SCHULE
REGEN

Der Maus genügt als Badewanne der Deckel von der Kaffeekanne.

Und was genügt der Maus als Bett, Tisch, Stuhl, Sofa und Tablett?

Und wie wird aus der Maus ein Affe oder die riesige Giraffe?

Ein Tier verwandelt sich

Mücke
    Mückele
        Ückele
            Ückelefa
                Elefa
                    Elefant

Witze und Rätsel

Eine Maus
geht ins Kino.
Kaum hat
der Film begonnen,
setzt sich ein Elefant
genau vor die Maus.
Nach einer Weile
steht die Maus auf,
setzt sich vor den Elefanten
und sagt:
„Nicht wahr,
man sieht nicht sehr gut,
wenn jemand
genau vor einem sitzt."

Ein Elefant geht
mit einer Maus spazieren.
Nach einiger Zeit
fragt der Elefant:
„Warum bist du
eigentlich so klein?"
Die Maus wird rot
und stottert
ganz verlegen:
„Weißt du, ich war
ziemlich lange krank."

Findest du 13 B-Wörter?
5 M-Wörter sind auch dabei.

Beschreibungen

Steckbrief
Gerda Anger-Schmidt

Er heißt Käpt'n Bill
und tut, was er will.

Er ist sehr verfressen
und aufs Fernsehen versessen.

Spiel'n liegt ihm im Blut.
Er hört nicht mehr gut.

Sein Bart ist schon weiß.
Wir lieben ihn heiß.

Er hat was gegen Katzen
und ist Meister im Schmatzen.

Vorne fehlt ihm ein Zahn.
Er hat gern Marzipan.

Er ist klein, schwarz und rund:
Käpt'n Bill, unser Hund.

PS:
Als Lohn bekommt der Finder
unser Sparschwein! Max, Tine (Kinder).
Tel. 4 07-85-46

Du
Hans Manz

Ich behaupte,
ohne zu übertreiben –
ich kann dich ungesehen
beschreiben:

Deine Augen sind blau,
schwarz, braun, grün oder grau.
Deine Nase ist lang gezogen,
stumpf, kurz, breit,
stupsig oder abwärts gebogen.
Deine Haare sind dunkel,
rot oder braun, blond aufgehellt,
gekraust, gelockt,
steckengerade oder gewellt,
sind kurz geschoren oder reichen
bis unter die Schultern.

Unzutreffendes streichen!

Beschreibst du deine Katze bis zur letzten Tatze?

Hamster oder Meerschwein dürfen's auch sein!

Und wen beschreibst du?

Rate mal

Fragen und Antworten

Welche Burg kann von keinem Menschen bewohnt werden?

Die Sandburg

Welche Handschuhe dienen nicht zum Wärmen, sondern zum Schlagen?

Die Boxhandschuhe

Welche Lampe leuchtet nicht nur in der Tasche?

Die Taschenlampe

Welche Schirme nützen nichts, wenn man sich vor Regen schützen will?

Der Fallschirm und der Fernsehschirm

Welche Uhr bleibt immer stehen?

Die Standuhr

Wer kommt gekro-?

Josef Guggenmos

Wer kommt gekro-,
wer kommt gekro-,
wer kommt gekro-,
kro-krochen?
Das Kro-, das Kro-,
das Krokodil,
das Kroko-, Kroko-,
Krokodil
mit seinem großen Magen
kann Kinder gut vertragen.
Drum zieht's daher mit Grausen,
uns alle zu verschmausen.
Das ist nicht lieb,
du böses Tier,
es wäre um uns schade.
Drum friss uns nicht,
du kriegst dafür
ein Stücklein Schokolade.

Kannst du das lesen?

KA A EN EN ES TE
DE U
A U CE HA
ES O
KA O EM I ES CE HA
ES CE HA ER E I BE E EN?

Hier ist alles ganz leicht:

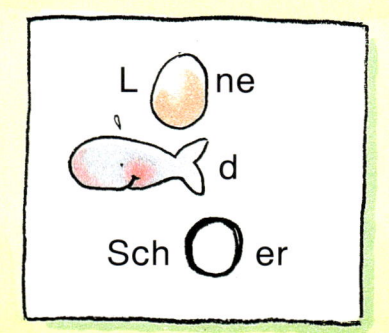

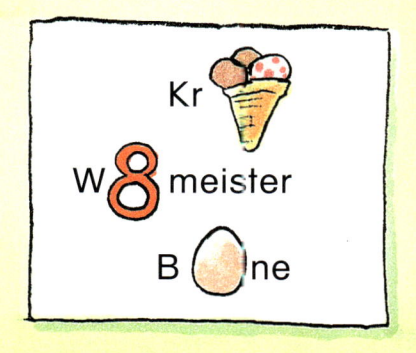

St🥚n   L🥚ne   Kr🍦
Sp🥚t   🐋 d   W8 meister
Sch8 el   Sch⭕er   B🥚ne

Und was heißt das?

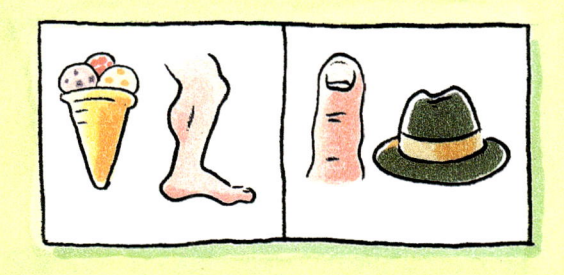

Wer bin ich?

Ich habe 2 U und 1 H.
Ich habe 2 O und 2 T.
Ich habe 1 A, 1 B und 2 L.

Für ganz schlaue Köpfe
3 A, 2 N, 1 S.
2 A, 1 B, 1 E, 2 N.

Ein Bussard

Paul Maar

🥚n 🚌 sard
und 🥚n Le😀rd,
die m8en
🥚ne 🚗fahrt.

→ A… wie Anfang, Seite 10:
  Das ABC üben
→ Gedichte-Werkstatt, Seite 149:
  Das Gedicht mit der 8

Rätselgeschichte

Mensch-ärgere-dich-nicht

Adelheid Böttger

Anne, Lena, Maike und Britta spielen
MENSCH ÄRGERE DICH NICHT.
Alle haben schon drei Steine in Sicherheit gebracht.
Nun müssen noch die letzten Steine
herumlaufen.

Alle vier Steine stehen
ohne Lücke hintereinander.
Ganz vorn steht Lena.
Ihr folgt Maike.
Dann kommt Britta.
Anne ist das Schlusslicht.

Lenas Stein wird von dem,
der dahinter steht,
mit einer **3** überholt.
Lena würfelt eine **1**.
Britta bleibt ganz dicht
hinter Lena.
Der letzte Stein übernimmt
mit einer **6** und einer **2**
die Führung.

Leider werden Anne von Lena
und Maike von Britta
hinausgeworfen.
Wer ist nun vorn?
Auch dieser Stein fliegt noch raus!
Wer hat nun noch einen Stein im Spiel?

Mensch, ärgert euch nicht!

→ A… wie Anfang, Seite 21:
Geschichten ganz genau lesen

Flunkergeschichte

Verkehrte Welt

Wolfgang Menzel

Am Morgen, wenn ich spät aufsteh,
am Abend, wenn ich zur Schule geh,
da bellen die Vögel, da singt der Hund,
da stopf ich ins Frühstück meinen Mund.
Trink Brötchen, ess Milch und gehe dann
gemütlich zum Schulbus, so schnell ich kann.
Der Bus ist schon weg, ich steige ein,
es ist alles besetzt, ich bin ganz allein.
Ich setze mich hin, wo schon jemand sitzt,
der Bus ganz langsam zur Schule flitzt.
Die Schule kommt endlich beim Schulbus an,
ich renn in die Klasse, so langsam ich kann.
Mit der Nase ich schnell noch mein Taschentuch wisch
und stell auf die Schultasche meinen Tisch.
Die Tafel steht schon vor der Lehrerin
und sagt: „Setzt die Stühle jetzt auf euch hin!"
Und dann erzählt sie uns voller Vergnügen
eine wahre Geschichte mit lauter Lügen.

➡ Geschichten-Werkstatt, Seite 135:
Eine verdrehte Geschichte lesen

Geschichten-Werkstatt

1 Mit Geschichten kann man vieles tun.
Was machen die Kinder auf den Bildern?

Zu Bildern erzählen

Eine verdrehte Geschichte lesen

Ein komischer Zirkus!

Am letzten Zirkus gingen wir in den Sonntag.
　　Nein, falsch!
Am letzten Sonntag gingen wir in den Zirkus.
Dort sahen wir einen Elefanten auf einem Clown reiten.
　　Schon wieder falsch! Aber macht nichts!
Von oben spritzte er mit einem Elefanten
den Schlauch nass.
Der Rüssel trompetete vor Elefant
mit seinem langen Spaß.
Plötzlich aber nahm er den Boden mit seinem Clown
und setzte ihn auf den Rüssel.
Der Hintern saß auf dem Clown und weinte.
Und das Wasser aus dem Kopf spritzte ihm
auf den Schlauch.
　　Alles falsch! Besser, ich mache jetzt richtig weiter!

Zum Schluss hat der Elefant den Clown mit seinem Rüssel
aus dem Zirkuszelt hinausgetragen.
Und der Clown spritzte mit dem Schlauch
die Zuschauer nass.

1 Lest die verdrehte Geschichte richtig vor.

2 Wenn ihr wollt, könnt ihr die letzten beiden Sätze auch noch verdrehen. Schreibt sie auf.

Kontexterschließendes Lesen　　→ Das dicke Ei, Seite 133: Flunkergeschichte

Wörter in Geschichten einsetzen

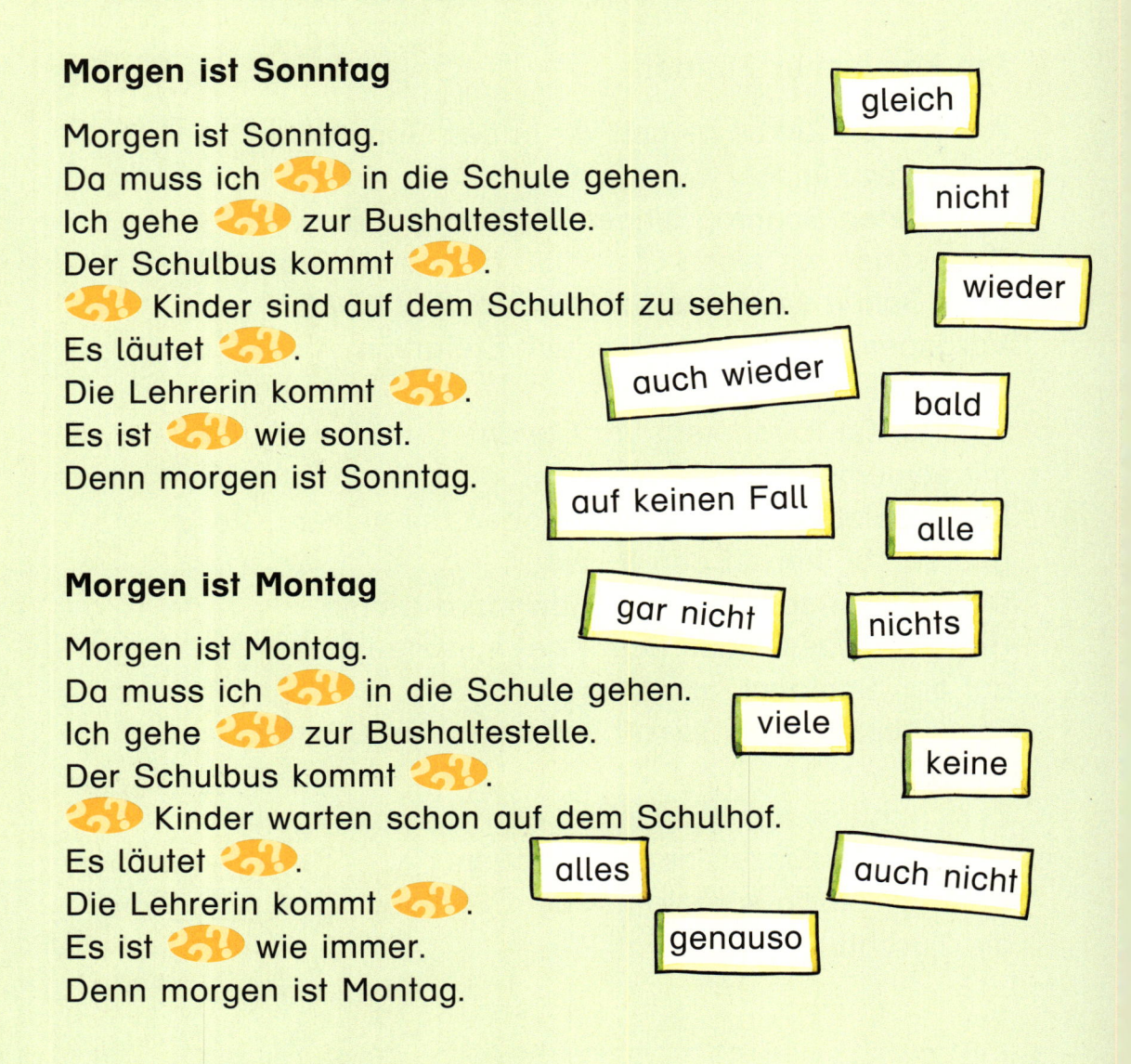

Morgen ist Sonntag

Morgen ist Sonntag.
Da muss ich 🥚 in die Schule gehen.
Ich gehe 🥚 zur Bushaltestelle.
Der Schulbus kommt 🥚.
🥚 Kinder sind auf dem Schulhof zu sehen.
Es läutet 🥚.
Die Lehrerin kommt 🥚.
Es ist 🥚 wie sonst.
Denn morgen ist Sonntag.

Morgen ist Montag

Morgen ist Montag.
Da muss ich 🥚 in die Schule gehen.
Ich gehe 🥚 zur Bushaltestelle.
Der Schulbus kommt 🥚.
🥚 Kinder warten schon auf dem Schulhof.
Es läutet 🥚.
Die Lehrerin kommt 🥚.
Es ist 🥚 wie immer.
Denn morgen ist Montag.

gleich · nicht · wieder · auch wieder · bald · auf keinen Fall · alle · gar nicht · nichts · viele · keine · alles · auch nicht · genauso

1 Lies diese beiden Geschichten erst einmal so durch, wie sie da stehen.

2 Suche dir für die leeren Felder immer eines der Wörter aus und setze sie beim Vorlesen ein.

3 Schreibe eine der beiden Geschichten auf und setze die passenden Wörter ein.

→ In unserem Land, Seite 118:
Wie es früher in der Schule war

Eine gute Frage
Manfred Mai

Fuchs   Maus   Igel   Stacheln

Ein 🟡 liebte
eine 🟡.
Doch sobald er sich ihr näherte,
lief sie davon.
Das machte den 🟡 sehr traurig.
„Warum muss ausgerechnet ich 🟡 haben?",
fragte er den schlauen 🟡.
„Das verstehe ich auch nicht", antwortete der 🟡.
„Mir wärst du auch ohne 🟡 viel lieber."

1 Setze in diese Geschichte die Wörter ein, natürlich dort, wo sie passen!

Eine gute Frage

Eule   Gestank   Katze   stinken   Stinktier

Ein 🟡 verliebte sich
in eine 🟡.
Doch sobald es sich ihr näherte,
lief sie davon.
Das machte das 🟡 sehr traurig.
„Warum muss ausgerechnet ich so 🟡?",
fragte es die kluge 🟡.
„Das verstehe ich auch nicht", antwortete die 🟡.
„Mir wärst du auch ohne 🟡 viel lieber."

2 Setze in die Geschichte nun diese Wörter ein.
Jetzt wird eine andere Geschichte daraus.

Wie der Autor Manfred Mai
die Geschichte erzählt hat,
kannst du auf Seite 147 nachlesen.

Kontexterschließendes Lesen

Ein Märchen nach Bildern erzählen

Rotkäppchen

Nach den Brüdern Grimm

Es war einmal ein kleines Mädchen.
Da seine Großmutter es besonders liebte,
hatte sie ihm ein rotes Käppchen genäht.
Das Mädchen trug dieses Käppchen täglich.
So wurde es von allen bald nur noch
Rotkäppchen genannt.
Eines Tages wurde die Großmutter krank.
Sie wohnte eine halbe Stunde entfernt im Wald.
Rotkäppchens Mutter gab dem Mädchen
einen Korb mit Wein und Kuchen und sagte:
„Bringe deiner Großmutter diesen Korb,
aber verlasse nicht den Weg
und laufe nicht in den Wald."
Rotkäppchen versprach es und ging.

1 Lies den Anfang des Märchens.

2 Wie geht das Märchen weiter?
Schau dir die Bilder an.

3 Erzählt euch gegenseitig das Märchen
von Rotkäppchen.

Zu Bildern erzählen

→ Theater-Werkstatt, Seite 164/165:
Ein Märchenspiel

Geschichten mit Bildwörtern lesen

Der Schornsteinfeger
Beate Günther

🕴 Das ist der Schornsteinfeger.
🪜 Das ist die Leiter vom 🕴.
🏠 Das ist das Haus.
Der 🕴 mit der 🪜 steht vor dem 🏠.
Er klingelt und will in das 🏠 hinein.
„Da muss ich hinauf!", sagt er.

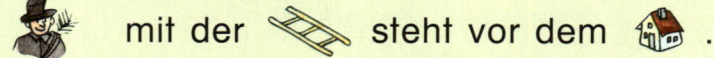

🧱 Das ist das Dach von dem 🏠.
🏭 Und das ist der Schornstein auf dem 🧱
von dem 🏠.
Der 🕴 stellt die 🪜 an das 🏠.
Der 🕴 klettert auf der 🪜 auf das 🧱
von dem 🏠.
Und dann steht der 🕴 ganz oben auf dem 🧱
von dem 🏠 und kehrt den 🏭.
Und wie kommt er wieder herunter?
Er steigt vom ❓ über das ❓
und kommt auf der ❓ heruntergeklettert.
„Das war's!", sagt der 🕴.

Kontexterschließendes Lesen → Die Welt um uns herum, Seite 73: Dieses Türmchen

Die Meise Pinkepank
Beate Günther

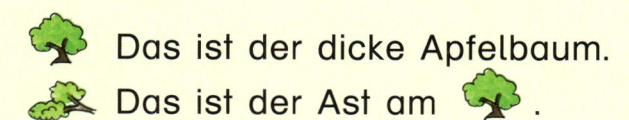

🌳 Das ist der dicke Apfelbaum.
🌿 Das ist der Ast am 🌳.
🌱 Das ist ein Zweig am 🌿 vom 🌳.
🪺 Das ist ein Nest auf dem 🌱 am 🌿 vom 🌳.
🥚 Das ist ein Ei im 🪺 auf dem 🌱 am 🌿 vom 🌳.
🐦 Das ist die Meise Pinkepank.
Die 🐦 sitzt auf dem 🥚 im 🪺 auf dem 🌱 am 🌿 vom 🌳 und brütet.

🐱 Das ist der Kater Bogumil.
Der 🐱 klettert auf den 🌿 zum 🌱 bis hin zum 🪺 vom 🌳.
Was tut die 🐦?
Die 🐦 kriegt einen Schreck! Dann fliegt die 🐦 vom 🥚 aus dem 🪺 auf dem 🌱 am 🌿 vom 🌳 davon.
Was tut der 🐱? Der 🐱 ist sauer.
Der 🐱 klettert vom ❓ auf den ❓ vom ❓ und springt wieder runter.
Der ❓ wird die ❓ auf dem ❓ im ❓ auf dem ❓ am ❓ vom ❓ niemals erwischen!

❶ Lest euch die Geschichten gegenseitig vor.
Könnt ihr erraten, was die Fragezeichen bedeuten?

Kontexterschließendes Lesen → Von Katzen, Hunden und anderen Tieren, Seite 42/43: Lebensraum Garten

Eine Rategeschichte lösen

Nisobem und Olifem

Beate Günther

Ein NISOBEM wollte
über eine schmale Brücke hinüber.
Zur gleichen Zeit wollte ein OLIFEM herüber.
Mitten auf der Brücke trafen sie sich.
Wütend rief das erste:
„Geh mir aus dem Weg,
ich war zuerst auf der Brücke!"
Der zweite sagte:
„Geh du mir aus dem Wege.
Ich bin größer als du!"
So stritten sie lange miteinander.
Zuletzt gingen sie aufeinander los.

Der OLIFEM versuchte
das NISOBEM zu stoßen.
Das NISOBEM versuchte
das OLIFEM beiseite zu drücken.
Plötzlich rutschten die beiden auf der Brücke aus
und fielen ins Wasser.
Nur gut,
dass NISOBEME und OLIFEME schwimmen können!

1 Was könnten das für Tiere sein,
die sich nicht aus dem Wege gehen wollten?
Setzt beim Vorlesen richtige Tiernamen ein.

Kontexterschließendes Lesen

→ A… wie Anfang, Seite 20:
  Wörter erraten
→ Miteinander leben, Seite 44:
  Fass die Buntstifte nicht an!

Eine Geschichte weitererzählen

Die Geschichte vom grünen Fahrrad
Ursula Wölfel

Einmal wollte ein Mädchen sein Fahrrad anstreichen.
Es hat grüne Farbe dazu genommen.
Grün hat dem Mädchen gut gefallen.
Aber der große Bruder hat gesagt:
„So ein grasgrünes Fahrrad habe ich noch nie gesehen.
Du musst es rot anstreichen, dann wird es schön."
Rot hat dem Mädchen auch gut gefallen.
Also hat es rote Farbe geholt
und das Fahrrad rot gestrichen.
Aber ein anderes Mädchen hat gesagt:
„Rote Fahrräder haben doch alle!
Warum streichst du es nicht blau an?"
Das Mädchen hat sich das überlegt,
und dann hat es sein Fahrrad blau gestrichen.
Aber …

1 Wer könnte dem Mädchen noch gute Ratschläge geben?

2 Welche Farben könnten noch zu einem Fahrrad passen?

3 Erzähle die Geschichte weiter.
Überlege dir auch einen Schluss.

Wie die Autorin Ursula Wölfel die Geschichte weitererzählt hat, kannst du auf Seite 147 nachlesen.

Eine Geschichte weiterdenken

→ Bücher, Medien, Seite 82: Das magische Baumhaus
→ Von seltsamen Wesen, Seite 110/111: Das Traumfresserchen

Eine Geschichte zusammensetzen

Der einsame Schmetterling

Barbara Rhenius

Traurig flattert der Schmetterling weiter.
Da trifft er einen Hasen.
Er sagt zum Hasen:
„Der Frosch ist mir weggesprungen,
die Maus ist im Loch verschwunden.
Wollen wir nicht zusammen fliegen?"
„Ich kann doch nicht fliegen!", sagt der Hase.
„Aber wenn du Haken schlagen kannst,
spiele ich gern mit dir."
Und der Hase schlägt einen Haken
und rennt davon.

Traurig flattert der Schmetterling weiter.
Da trifft er ein Pferd.
Er sagt zum Pferd:
„Der Frosch ist mir weggesprungen,
die Maus ist im Loch verschwunden,
der Hase ist mir davongerannt.
Wollen wir zusammen fliegen?"
„Ich kann doch nicht fliegen!",
sagt das Pferd.
„Aber wenn du reiten kannst,
spiele ich gern mit dir."
Und das Pferd macht einen Sprung
und rennt davon.

Ein bunter Schmetterling flattert einsam durch die Luft.
Da trifft er einen Frosch.
Er sagt zum Frosch:
„Wollen wir zusammen fliegen?"
„Ich kann doch nicht fliegen!", sagt der Frosch.
„Aber wenn du schwimmen kannst,
spiele ich gern mit dir."
Und der Frosch springt in den Teich
– und taucht unter.

Traurig flattert der Schmetterling weiter.
Da trifft er eine Maus.
Er sagt zur Maus:
„Der Frosch ist mir weggesprungen.
Wollen wir nicht zusammen fliegen?"
„Ich kann doch nicht fliegen!", sagt die Maus.
„Aber wenn du in Mauselöcher kriechen kannst,
spiele ich gern mit dir."
Und die Maus verschwindet in ihrem Loch.

Traurig flattert der Schmetterling weiter.
Da …

1 Jede Gruppe liest einen Abschnitt.
Wer hat wohl den Anfang?
Und in welcher Gruppe geht es dann weiter?
Setzt die Geschichte gemeinsam zusammen.

2 Ihr könnt die Geschichte auch weitererzählen.

Eine Geschichte in zeitlich richtiger Abfolge ordnen

➜ Von Katzen, Hunden und anderen Tieren, Seite 42/43:
Lebensraum Garten

145

Eine Geschichte ordnen

Die Geschichte von der Wippe

Ursula Wölfel

1 Da hat das kleine Mädchen seinen Teddy auf den Schoß genommen – und auf einmal war der Vater ganz hoch oben, und alle Kinder waren unten! Jetzt konnte die Wippe endlich wippen: auf und ab und auf und ab, und alle haben gelacht.

2 Einmal ist der Vater mit dem kleinen Mädchen auf den Spielplatz gegangen. Da war eine Wippe, und das kleine Mädchen wollte so gern einmal mit dem Vater wippen. Es hat sich auf eine Seite von der Wippe gesetzt, und der Vater hat sich auf die andere Seite von der Wippe gesetzt.

3 Der Junge mit der roten Zipfelmütze hat sich hinter das kleine Mädchen gesetzt. Aber die Wippe konnte immer noch nicht wippen, die Kinder waren immer noch zu leicht.

4 Da war das kleine Mädchen ganz hoch oben, und der Vater war ganz unten. „Los! Los!", hat das kleine Mädchen gerufen. Aber die Wippe konnte nicht wippen. Das kleine Mädchen war doch so leicht, der Vater war so schwer.

5 Der Junge mit den langen blauen Hosen hat sich hinter das Mädchen mit den Zöpfen gesetzt. Aber die Wippe konnte immer noch nicht wippen, die Kinder waren immer noch zu leicht.

6 Das Mädchen mit den Zöpfen hat sich hinter den Jungen mit der roten Zipfelmütze gesetzt. Aber die Wippe konnte immer noch nicht wippen, die Kinder waren immer noch zu leicht.

1 Jede Gruppe liest einen Abschnitt. In welcher Reihenfolge müssen die Abschnitte gelesen werden? Setzt die Geschichte richtig zusammen. Das Bild hilft euch dabei.

Eine Geschichte in zeitlich richtiger Abfolge ordnen

Die Geschichten

Eine gute Frage

Manfred Mai

Ein Igel liebte eine Maus.
Doch sobald er sich ihr näherte, lief sie davon.
Das machte den Igel sehr traurig.
„Warum muss ausgerechnet ich Stacheln haben?",
fragte er den schlauen Fuchs.
„Das verstehe ich auch nicht", antwortete der Fuchs.
„Mir wärst du auch ohne Stacheln viel lieber."

Hier findet ihr das Ende der Geschichte von Seite 143:

Aber der Nachbarsjunge hat gesagt:
„Blau? Das ist doch zu dunkel.
Gelb ist viel lustiger!"
Und das Mädchen hat auch gleich Gelb
viel lustiger gefunden und gelbe Farbe geholt.
Aber eine Frau aus dem Haus hat gesagt:
„Das ist eine scheußliches Gelb!
Nimm himmelblaue Farbe, das finde ich schön."
Und das Mädchen hat sein Fahrrad himmelblau gestrichen.
Aber da ist der große Bruder wiedergekommen.
Er hat gerufen: „Du wolltest es doch rot anstreichen!
Himmelblau, das ist eine blöde Farbe.
Rot musst du nehmen, Rot!"
Da hat das Mädchen gelacht
und wieder den grünen Farbtopf geholt
und das Fahrrad grün angestrichen, grasgrün.
Und es war ihm egal,
was die anderen gesagt haben.

Gedichte-Werkstatt

Das Echo erfindet komische Reime

Wann ist es laut im Klassenzimmer?

Immer!

Was macht der kleine Mops?

Hops!

Was können alle Ziegen?

Ihre Hosen!

Was verlieren die Matrosen?

Gespenster!

Was seh ich vor dem Fenster?

Fliegen!

1 So könnt ihr das Echo spielen:
Einige Kinder rufen laut in die Berge.
Andere antworten ganz leise als Echo.

2 Denkt euch noch mehr Echos aus.

Reimwörter finden

Gedichte lesen und schreiben

Das Gedicht mit der 8

Barbara Rhenius

Frau Grete Pr8
ist in der N8
im Traum auf einmal aufgew8:
„Hat da einer Krach gem8?",
hat sie ged8
und schlich sich s8
ans Fenster.
Doch draußen: Nichts als dunkle N8!
Erleichtert ist Frau Grete Pr8
ins Bett gekr8
und hat ged8:
„Ich glaub, ich seh Gespenster!"

1 Schreibe dieses Gedicht richtig auf.
Für die **8** musst du immer **acht** schreiben.

Rosinchen träumt von Pferden

Barbara Rhenius

Es war in dunkler Mittern**acht**,
da ist Rosinchen aufgew**acht**.
Im Traum saß sie zu Pferde.
„Wo bin ich nur?", hat sie ged**acht**,
denn sie war aus dem Bett gekr**acht**.
Da lag sie auf der Erde!

2 Schreibe dieses Gedicht so auf wie das Gedicht
oben auf der Seite.
Jetzt musst du für **acht** immer **8** schreiben.

→ Von seltsamen Wesen, Seite 109:
Leise Geräusche
→ Das dicke Ei, Seite 131:
Kannst du das lesen?

Wörter in Gedichte einsetzen

Der 🎨 Hund

Peter Hacks

Geh ich in der Stadt umher,

Kommt ein 🎨 Hund daher,

Wedelt mit dem Schwanz so sehr,

Nebenher,

Hinterher

Und verläßt mich gar nicht mehr.

Wedelt mit den 🎨 Ohren,

Hat wohl …

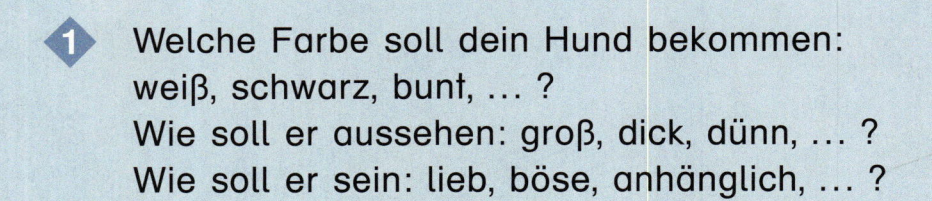

1 Welche Farbe soll dein Hund bekommen:
weiß, schwarz, bunt, … ?
Wie soll er aussehen: groß, dick, dünn, … ?
Wie soll er sein: lieb, böse, anhänglich, … ?

2 Vergleicht einmal, was in dem Gedicht wirklich steht.
Ihr findet es auf Seite 159.
Aber nicht vorher nachschauen!
Dann macht es nämlich keinen Spaß mehr.

Passende Wörter einsetzen → Von Katzen, Hunden und anderen
Tieren, Seite 36:
Philipp und sein Hund

Da oben auf 🟡

Frantz Wittkamp

Da oben auf 🟡,
da steht eine Kuh,
die singt gern im Dunkeln,
und der Mond hört ihr zu.

Da oben auf 🟡
steht einer und weint,
der ist ganz alleine
und hat keinen Freund.

Da oben auf 🟡
steht einer und schreit
und möchte nach Hause.
Der tut mir so leid.

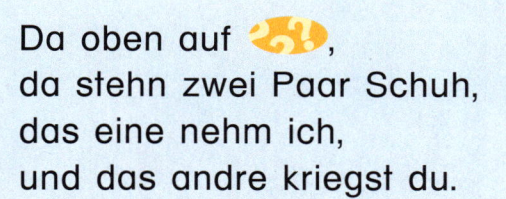

Da oben auf 🟡,
da stehn zwei Paar Schuh,
das eine nehm ich,
und das andre kriegst du.

Da oben auf 🟡
steht einer und singt,
aber Gott sei Dank leise,
weil es nicht so schön klingt.

1 Setze in die Lücken Wörter ein.
Überlege dir, wo die Kuh stehen könnte,
wo einer stehen könnte, der weint, …

Passende Wörter einsetzen

Reime einfügen

Im Lande der Zwerge
Heinrich Seidel

So geht es im Lande der Zwerge:

Ameisenhaufen sind _____,

das Sandkorn ist ein Felsenstück,

der Seidenfaden ist ein _____,

die Nadel ist da eine Stange,

ein Würmchen ist da eine _____,

als Elefant gilt da die Maus,

der Fingerhut ist da ein _____,

die Fenster sind da Nadelöhre,

ein Glas voll Wasser wird zum _____,

der dickste Mann ist dünn wie Haar,

der Augenblick ist da ein _____.

Jahr

Schlange

Berge

Strick

Haus

Meere

1 Lies das Gedicht und setze die passenden Reimwörter ein.

Reimwörter finden

152

Reimen
Friedl Hofbauer

Spatzen
reimen sich auf 🥔

reimen sich auf 🥔

reimen sich auf 🥔

Sonne
reimt sich auf 🥔

reimt sich auf 🥔

und Wanne
reimt sich auf 🥔

Liederblasen
reimt sich auf 🥔

wenn's die auch gar nicht gibt
sind sie doch sehr 🥔

Manche Tanten
reimen sich auf 🥔

manche Väter
reimen sich auf 🥔

aber jeder
reimt sich auf Fledermaus

Und wer jetzt weiterreimen will
für den ist das Gedicht
noch lang nicht
aus.

| Badewonne | Fliedernasen | Tanne | kratzen | beliebt |

| Katzen | Elefanten | Regentonne | später | Tatzen |

1 Setze auch bei diesem Gedicht
passende Reimwörter ein.
Du kannst die Wörter auf den Kärtchen benutzen
oder selbst Reimwörter erfinden.

Das ganze Gedicht kannst du
auf Seite 159 nachlesen.

Reimwörter finden

Gedichte auseinandernehmen

Fünf Gespenster – Theodor, Theodor
Dorothée Kreusch-Jacob
Roswitha Fröhlich

Fünf Gespenster
hocken vor dem Fenster.
Theodor, Theodor
hat 'nen kleinen Mann im Ohr.
Das erste schreit: „Haaaaaaa!"
Das zweite heult: „Hooooooo!"
Ziept ihn hier,
ziept ihn dort.
Das dritte brummt: „Huuuuuuuu!"
Das vierte lacht: „Hiiiiii!"
Wenn er kratzt,
ist er fort.
Das fünfte schwebt zu dir herein
und flüstert: „Woll'n wir Freunde sein?"
Darum wäscht der Theodor
weder links noch rechts das Ohr.

1 Hier sind zwei Gedichte ineinandergeschrieben.
Das eine ist das Gedicht von Theodor,
das andere ein Gespenstergedicht.
Welche Zeilen gehören wohl zu welchem Gedicht?

Wie die beiden Gedichte richtig heißen, kannst du auf Seite 159 nachlesen.

Kontexterschließendes Lesen

→ Von seltsamen Wesen, Seite 112/113: Richtige Gespenster

Zeilen für ein Gedicht aussuchen

Der Nebel
Carl Sandburg/Hans Baumann

Der Nebel	kommt naht schleicht
auf	Federflügeln. weichen Strümpfen. Katzenpfötchen.
Er	breitet sich aus sitzt und schaut flattert und fliegt
über	Wiese und Dorf, Wald und Feld, Hafen und Stadt,
	steht dann auf hebt sich still verschwindet leise
und	geht wieder weg. macht sich davon. ist wieder fort.

1 Schreibe dein eigenes Gedicht auf.
Suche dir aus den drei Zeilen immer eine aus.
Du kannst auch selbst etwas dazuerfinden.
Schaut dann nach, was der Dichter geschrieben hat.
Ihr findet es am Ende des Kapitels.

Wie das Gedicht richtig heißt, kannst du auf Seite 159 nachlesen.	Ein eigenes Gedicht schreiben	→ Jahreszeiten, Feste und Feiern, Seite 97: Nebel

Gedichte lesen – weiterschreiben

> Perolli perulli,
> wo ist denn mein Pulli?
> Perase peruse,
> wo ist …

Peratze perütze
Otto Julius Bierbaum

Peratze perütze,
wo ist meine Mütze,
perütze perause,
wo ist meine Krause,
perause peracke,
wo ist meine Jacke,
peracke perose,
wo ist meine Hose,
perofel periefel,
wo sind meine Stiefel?

Geräusche beim Gehen
Frauke Wendula

In Holzpantinen geht Herr Schnoof,
klapp klopp, klapp klopp, laut übern Hof.
    Sein Pony trabt, kladipp, kladapp,
    ihm hinterher im Pferdetrab.
In Latschen latscht Herr Sipperlapp,
schlipp schlapp, schlipp schlapp, die Trepp' hinab.
    In Stöckelschuhen auf der Straß'
    stolziert, klick klack, klick klack, Frau Maaß.
Und barfuß leise durch die Wiese
geht, wisch wasch wusch, die kleine Liese.

1 Das Gedicht „Peratze perütze" könnt ihr weiterschreiben.

2 Lies die Geräusche beim Gehen so, dass die Unterschiede deutlich zu hören sind.

Ein Gedicht weiterdenken
Ein Gedicht klanggestaltend vorlesen

→ Ich bin ich, Seite 28: Ich
→ Mit allen Sinnen, Seite 57: Ich lausche

Es regnet, es regnet

Unbekannter Autor

Es regnet, es regnet,
es tröpfelt in das Fass.
Die Straße, die Straße
ist überall schon nass.

Wenn's regnet, wenn's regnet,
da bleiben wir im Haus
und lachen und lachen
das schlechte Wetter aus.

Es regnet

Unbekannter Autor

Es regnet, es regnet,
es regnet seinen Lauf.
Und wenn's genug geregnet hat,
dann hört's auch wieder auf.

1 Schreibe ein eigenes Regengedicht.
Hier sind einige Reime, die dir dabei helfen können:

Regen – auf den Wegen, Wasser – immer nasser,
Himmel – Gewimmel, Tropfen fallen – knallen,
klopft – tropft, Pfützen – spritzen, Wetter – Blätter,
Graus – keiner geht raus, fies – mies

Ein Parallelgedicht schreiben

Was ich gern mag – was ich nicht ertrag'
Wolfgang Menzel

Ich mag gern Kinder mit lachendem Gesicht.
doch Miesepeter mag ich nicht.

Pullover find' ich unmodern.
Doch bunte T-Shirts hab' ich gern.

Spagetti mit Ketchup mag ich essen.
Kartoffelbrei kannst du vergessen.

Apfelsaft, den mag ich echt!
Doch stilles Wasser find' ich schlecht.

Kleine Katzen find' ich klasse.
Doch Spinngetier – wie ich das hasse.

Am Strand zu liegen, find' ich schön.
Auf Berge möchte ich nicht geh'n.

1 Schreibe ein eigenes Gedicht.
Es muss nicht so lang sein.
Suche dir einige Verse aus.
Die farbigen Teile kannst du austauschen
und an ihrer Stelle einsetzen,
was du magst oder nicht magst.
Was dir gefällt, übernimmst du aus dem Gedicht.

2 Schreibe dein Gedicht Zeile für Zeile schön auf.

3 Lest euch eure Gedichte gegenseitig vor
und hängt sie in der Klasse auf.

Ein Parallelgedicht schreiben → Ich bin ich, Seite 27:
Alle sind zufrieden mit mir
→ Ich bin ich, Seite 28: Ich

Die Gedichte

Der blaue Hund
Peter Hacks

Geh ich in der Stadt umher,
Kommt ein blauer Hund daher,
Wedelt mit dem Schwanz so sehr,
Nebenher,
Hinterher
Und verläßt mich gar nicht mehr.
Wedelt mit den blauen Ohren,
Hat wohl seinen Herrn verloren.

Fünf Gespenster
Dorothée Kreusch-Jacob

Fünf Gespenster
hocken vor dem Fenster.
Das erste schreit: „Haaaaaaa!"
Das zweite heult: „Hooooooo!"
Das dritte brummt: „Huuuuuuuu!"
Das vierte lacht: „Hiiiiiiii!"
Das fünfte schwebt
zu dir herein und flüstert:
„Woll'n wir Freunde sein?"

Theodor, Theodor
Roswitha Fröhlich

Theodor, Theodor
hat 'nen kleinen Mann im Ohr.
Zieht ihn hier,
zieht ihn dort.
Wenn er kratzt,
ist er fort.
Darum wäscht der Theodor
weder links noch rechts das Ohr.

Der Nebel
Carl Sandburg/Hans Baumann

Der Nebel kommt
auf Katzenpfötchen.
Er sitzt und schaut
über Hafen und Stadt,
hebt sich still
und geht wieder weg.

Reimen
Friedl Hofbauer

Spatzen
reimen sich auf
Katzen
reimen sich auf
Tatzen
reimen sich auf
kratzen
Sonne
reimt sich auf
Regentonne
reimt sich auf
Badewonne
und Wanne
reimt sich auf Tanne
Liederblasen
reimt sich auf
Fliedernasen
wenn's die auch gar nicht gibt
sind sie doch sehr beliebt
Manche Tanten
reimen sich auf Elefanten
manche Väter
reimen sich auf
später
aber jeder
reimt sich auf Fleder-
maus
und wer jetzt weiterreimen will
für den ist das Gedicht
noch lang nicht
aus

Theater-Werkstatt

① Ich bin in den Brunnen gefallen.

③ Zehn Meter tief!

② Wie tief denn?

⑤ Wer am besten lachen kann.

④ Wer soll dich retten?

- Wer schön böse aussehen kann.
- Wer traurig gucken kann.
- Wer wütend sein kann.
- Wer zärtlich sein kann.
- Wer … kann.

⑥ Du hast es am besten gemacht! Zieh mich aus dem Brunnen! Jetzt bist du an der Reihe.

Zauberspiel

Für dieses Spiel braucht ihr einen Zauberstab.

Einer von euch wird der Zauberer oder die Zauberin.
Er geht herum und verzaubert mit dem Zauberstab
ein Kind.

Er sagt zum Beispiel:
„Ich verzaubere dich.
Du sollst öfter mit mir spielen!"
Oder:
„Ich verzaubere dich. Ich möchte,
dass du mich nicht mehr so oft ärgerst!"
Oder er kann sagen:
„Ich verzaubere dich in einen Hasen,
damit du nicht mehr angreifen kannst."

Der Zauberer kann die Kinder so verzaubern,
wie er sie gern haben möchte.
Wenn er nicht mehr zaubern will,
gibt er den Zauberstab und seine Zaubermacht
an ein anderes Kind weiter.

→ Von seltsamen Wesen, Seite 115:
Wisper, knisper

Theaterpuppen

Aus Pappe, Papier, Kugeln, Perlen, Draht, Tüchern, Stoffresten, Küchengeräten und noch vielen anderen Sachen kannst du Puppen für ein Theater basteln.

Stockpuppen

Finger-Theater

Handpuppen

Knöpfe
Farbe
Tuch
Handschuh
Tüte

Puppentheater

Aus großen Kartons oder
aus kleinen Schachteln,
sogar aus einem Briefumschlag
kannst du dir eine Theaterbühne basteln.

Bauchladen-Theater

Ich will meiner Großmutter Kuchen und Wein bringen.

Stuhl-Theater

Nein, ich küsse dich nicht!

Brief-Theater

Ein Märchenspiel

Vom dicken, fetten Pfannekuchen

C. und T. Colshorn

Es waren einmal drei alte Weiber,
die gern einen Pfannekuchen essen wollten.
Da gab die erste das Ei dazu, die zweite Milch
und die dritte Fett und Mehl.
Als der dicke, fette Pfannekuchen fertig war,
richtete er sich in der Pfanne in die Höhe
und lief den drei alten Weibern weg und lief immerzu
und lief kantapper, kantapper in den Wald hinein.

Da begegnete ihm ein Häschen und rief:

„Dicker, fetter Pfannekuchen,
bleib stehen,
ich will dich fressen!"

Der Pfannekuchen antwortete:

„Ich bin drei alten Weibern weggelaufen
und soll dir, Häschen Wippschwanz,
nicht weglaufen?"

und lief kantapper, kantapper in den Wald hinein.

Da kam ein Wolf herangelaufen
und rief:

> „Dicker, fetter Pfannekuchen,
> bleib stehen,
> ich will dich fressen!"

Der Pfannekuchen antwortete:

> „Ich bin drei alten Weibern weggelaufen
> und Häschen Wippschwanz
> und soll dir, Wolf Dickschwanz,
> nicht weglaufen?"

und lief kantapper, kantapper in den Wald hinein.

Da kam …   Ziege Langbart

Pferd Plattfuß   Schwein Kringelschwanz

Da kamen drei Kinder daher,
die hatten keinen Vater und keine Mutter mehr,
und sprachen:
„Lieber Pfannekuchen, bleib stehen.
Wir haben noch nichts gegessen den ganzen Tag."

Da sprang der dicke, fette Pfannekuchen
den Kindern in den Korb und ließ sich von ihnen essen.

Eine Spielszene entwickeln   → Geschichten-Werkstatt, Seite 138/139:
                                  Ein Märchen nach Bildern erzählen

Spielen in der Klasse

Still
Friederike Mayröcker

still
standen auf einmal
die Schäfchen
verwandelten sich zu Stein
nun wächst
Efeu über sie bedeckt sie

Besuch
Paul Maar
Barfuß zu spielen

Die Finger besuchen die Finger:
„Hallo, Brüder, wie steht's?"
Die Zehen besuchen die Zehen:
„Hallo, Schwestern, wie geht's?"
Jetzt besuchen die Finger die Zehen:
„Guten Tag, die Damen!"
„Lange nicht gesehen!"

Sechs Sätze für Fabian
Peter Härtling

Fünfmal einen Kreis schlagen.
Viermal eine Erbse tragen.
Dreimal in der Mitte stehn.
Zweimal um die Ecke sehn.
Einmal an der Nase drehn.
Nach Hause gehn.

Bei den großen Dinosauriern

Rolf Krenzer

Bei den großen Dinosauriern
ist es überall so Brauch:
Sie kommen heran,
sie schleichen sich an,
entdecken dich dann und tippen dir dann,
tip, tap,
ganz zart auf deinen Bauch.

Bei den kleinen Dinosauriern
ist es umgekehrt so Brauch:
Sie kommen heran
und schleichen sich an,
entdecken dich dann
und tippen dir dann,
tip, tap,
ganz fest auf deinen Bauch.

Spielszenen entwickeln → In unserem Land, Seite 119:
Tiere – früher und heute

Hörspiele

Morgens früh um sechs
Unbekannter Autor

Morgens früh um sechs
kommt die kleine Hex;

morgens früh um sieben
schabt sie gelbe Rüben;

morgens früh um acht
wird der Kaffee gemacht;

morgens früh um neune
geht sie in die Scheune;

morgens früh um zehne
holt sie Holz und Späne.

Feuert an um elfe,
kocht sie bis um zwölfe

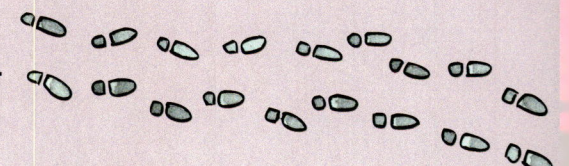

Fröschebein und Krebs und Fisch.
Hurtig, Kinder, kommt zu Tisch!

1. Mit einem Kassettenrekorder kann man Geräusche sammeln.

→ Von seltsamen Wesen, Seite 115: Zauberspruch

Annas Morgen

① Anna schläft noch fest.
② Anna ist im Bad.
③ Anna frühstückt.
④ Anna geht zur Schule.
⑤ Anna lernt.
⑥ Anna hat Pause.
⑦ Anna lernt noch mehr.
⑧ Die Schule ist aus.
⑨ Anna geht nach Hause.

1 Stellt euch vor, was es zu den Bildern zu hören gibt.
- Überlegt, welche Geräusche ihr selbst machen könnt und welche ihr draußen findet.
- Überlegt auch, was die Personen reden, rufen, flüstern … sollen.

Eine Spielszene entwickeln

→ Mit allen Sinnen, Seite 58/59: Sei doch mal still

Verzeichnis der Autorinnen und Autoren

Adrian, Christine/Schmidt, Waltraud
Die jungen Amseln 93
Aus: Waltraud Schmidt, Christine Adrian. Was lebt in unserem Garten? Ravensburg: Ravensburger Buchverlag Otto Maier 1992.

Andresen, Ute
Mama will ins Kino 48
Aus: Ute Andresen. Mama findet alles. München: Deutscher Taschenbuch Verlag 1991. S. 21.

Anger-Schmidt, Gerda
Steckbrief 129
Aus: Gerda Anger-Schmidt/Birgit Duschek. Sei nicht sauer, meine Süße. Wien: Dachs 1997.

Baumann, Hans/Sandburg, Carl
Der Nebel 155, 159
Übertragen von Hans Baumann. Aus: Hans Baumann (Hg.). Ein Reigen um die Welt. Gütersloh: Bertelsmann Jugendbuchverlag 1965. S. 240.

Becker, Antoinette
Philipp und sein Hund 36
Aus: A. Becker. Ich sorge für ein Tier. Ravensburg: Otto Maier 1973. S. 30.
Peter kann nicht lesen 85
Aus: Antoinette Becker, Elisabeth Niggemeyer. Wir sind jetzt in der Schule. Ravensburg: Ravensburger Buchverlag Otto Maier 1985.

Bergström, Gunilla
Willi Wiberg und das Ungeheuer 108
Aus: Gunilla Bergström. Willi Wiberg und das Ungeheuer. Hamburg: Friedrich Oetinger, 1988.

Bierbaum, Otto Julius
Peratze perütze 156
Aus: Das Reimehaus. Kindergedichte, gesammelt von Katrin Behrend. München: Annette Betz 1970. S. 15.

Bolliger, Max
Was uns die Angst nimmt 25
Aus: Max Bolliger. Weißt du, warum wir lachen und weinen? Lahr: Ernst Kaufmann Verlag o. J.

Borchers, Elisabeth
März 87
Aus: Dietlind Blech/Elisabeth Borchers. Und oben schwimmt die Sonne davon. München: Heinrich Ellermann o. J.

Böttger, Adelheid
Mensch-ärgere-dich-nicht 132
Originalbeitrag.

Bydlinski, Georg
Zum Muttertag 91
Liebe Mama 91
Aus: Georg Bydlinski. Die bunte Brücke. Basel, Freiburg, Wien: Herder 1992.

Çıtak, Angelika
Ein Tier verwandelt sich 127
Originalbeitrag.

Colshorn, C. und T.
Vom dicken, fetten Pfannekuchen 164
Aus: Paul Zaunert (Hg.) Deutsche Märchen seit Grimm. Bearbeitet von Elfriede Moser-Rath. Düsseldorf: Diederichs 1964. S. 102 f.

Donig, Renate
Mein Bären-ABC 11
Wie die Brezel entstanden sein soll ... 122
Originalbeiträge.

Dreher, Oskar
Der Wind vor dem Richter 96
Aus: H. Schores (Hg.). Gedichte für die Grundschule. Frankfurt a. M.: Diesterweg 1972.

Ende, Michael
Das Traumfresserchen 110
Aus: Michael Ende/Annegert Fuchshuber. Das Traumfresserchen. © 1978 by Thienemann Verlag (Thienemann Verlag GmbH), Stuttgart–Wien.

Fink, Monika
Ich lausche 57
Aus: Monika Fink. Meditieren mit Kindern. Mülheim: Verlag an der Ruhr 1994.

Frank, Karlhans
Du und ich 55
Aus: Vom Dach die Schornsteinfeger grüßen mit Taucherflossen an den Füßen. München: Franz Schneider 1987. S. 56.

Frick-Gerke, Christine
Bücher kann man lesen 77
Aus: Die Erde ist mein Haus. Jahrbuch der Kinderliteratur. Hg. von H.-J. Gelberg. Weinheim und Basel: Beltz 1988.

Fröhlich, Roswitha
Mein Luftschloss 73
Aus: Mücki und Max 6/98. Hg. von der Arbeitsgemeinschaft Jugend und Bildung e. V. Wiesbaden 1998.
Theodor, Theodor 154, 159
Aus: Dorothée Kreusch-Jacob (Hg.). Da hüpft der Frosch den Berg hinauf. München: Ellermann 1987. S. 15.
© Roswitha Fröhlich.

Greune, Rotraut/Burghardt, Heike
Bruno Bello ist ein Hund 35
Aus: Rotraut Greune, Heike Burghardt. Bruno Bello ist ein Hund: Oscars lustiges Hundebuch. Berlin: Tivola 1999 (Auszug).

Groll, Annika (Schülerin)
Vampire flattern durch die Nacht 106
Originalbeitrag.

Guggenmos, Josef
Auf ein Lesezeichen zu schreiben 76
Aus: Josef Guggenmos. Sonne, Mond und Luftballon. Weinheim und Basel: Beltz & Gelberg 1984. S. 22.
Verblühter Löwenzahn 90
Aus: Josef Guggenmos. Ich will dir was verraten. Weinheim und Basel: Beltz 1992.
Was ist das für ein Vogelei? 92
Aus: Josef Guggenmos. Oh, Verzeihung, sagte die Ameise. Weinheim und Basel: Beltz Verlag 1990, S. 44.
Weihnacht 100
© Josef Guggenmos.
Verschneite Welt. 102
Wer kommt gekro-? 130
Aus: Josef Guggenmos. Was denkt die Maus am Donnerstag? Weinheim und Basel: Beltz & Gelberg 1998. Programm Beltz & Gelberg, Weinheim.

Gündisch, Karin
Thomas 29
Aus: Die Erde ist mein Haus. 8. Jahrbuch der Kinderliteratur. Hg. von H.-J. Gelberg. Weinheim und Basel: Beltz & Gelberg 1988.

Günther, Beate
Der Katzenfutternapf. 14
Der Schornsteinfeger 140
Die Meise Pinkepank 140
Nisobem und Olifem 142
Originalbeiträge.

Günther, Phillipp
Löwenzähne 90
Originalbeitrag.

Hacks, Peter
Die Blätter an meinem Kalender 86
Aus: Peter Hacks. Kinderbuchverlag. DDR Berlin 1965. © Peter Hacks.
Der blaue Hund 150, 159
Aus: Peter Hacks. Der Flohmarkt. Berlin: Eulenspiegel Verlag 2001.

Halbfas, Hubertus
Eine Nikolauslegende 99
Aus: Religionsunterricht in der Grundschule. Lehrerband 1. Düsseldorf: Patmos 1996, 8. Auflage.

Hanisch, Hanna
Meine zweimal geplatzte Haut. 54
Aus: Augenaufmachen. 7. Jahrbuch der Kinderliteratur. Hg. von H.-J. Gelberg. Weinheim und Basel: Beltz & Gelberg 1984. S. 29.

Harranth, Wolf
Bist du traurig? 45
Aus: Wolf Harranth. Der neue Wünschelbaum. Wien: Dachs-Verlag 1999. © Wolf Harranth.

Hartig, Monika
Eine Begegnung im Park 37
Aus: Monika Hartig erzählt vom Träumen. Hamburg: Oetinger 1994. S. 32–34.

Härtling, Peter
Sechs Sätze für Fabian 166
Aus: Hans-Joachim Gelberg (Hg.). Die Stadt der Kinder. Recklinghausen: Bitter 1982. S. 178.

Hofbauer, Friedl
Weißt du es? 84
Aus: Friedl Hofbauer. Das Spatzenballett. Bayreuth: Loewes 1975, S. 20.
Reimen 153, 159
Aus: Fiedl Hofbauer. Minitheater. Wien: KeRLE 1996. © KeRLE bei Herder, Freiburg – Wien.

Johansen, Hanna
Sei doch mal still 58
Aus: Hanna Johansen, Jacky Gleich. Sei doch mal still. München, Wien: Carl Hanser 2001.

Kaufmann, Julian (Schüler)
Buch-Tipp. 83
Originalbeitrag.

KNISTER
Eine Sommerüberraschung 95
Leise Geräusche. 109
Aus: KNISTER/Paul Maar. Frühling, Spiele, Herbst und Lieder. Hamburg: C. Dressler Verlag 1999. S. 130.
Im Weihnachtsstall zu Bethlehem 100
Aus: KNISTER/Paul Maar. Knuspermaus im Weihnachtshaus. Würzburg: Arena Verlag 2002.

Kötter, Ingrid
Mädchen sind klasse! 50
Aus: Ingrid Kötter. Mädchen sind klasse! Würzburg: Benziger Edition im Arena Verlag GmbH 1993 (Auszug).

König, Marie (Schülerin)
Mein Meerschweinchen. 40
Originalbeitrag.

Kreidolf, Ernst
Nebel 97
Aus: Schwätzchen, Bilder und Reime. Köln/Dortmund: Hermann Schaffstein o. J.

Krenzer, Rolf
Spiellied vom Heiligen Martin 98
Aus: Weihnachten im Kindergarten. Lahr: Edition Kemper im Kaufmannverlag 1984. Melodie: Hans-Werner Clasen. Rechte bei den Urhebern.
Bei den großen Dinosauriern 167
Aus: Rolf Krenzer. Lieber Herbst und lieber Winter. Münster: Menschenkinder Verlag 1994.

Kreusch-Jacob, Dorothée
Fünf Gespenster 154, 159
Aus: Dorothée Kreusch-Jacob (Hg.). Da hüpft der Frosch den Berg hinauf. München: Ellermann 1987. S. 40.

Kruse, Max
Zauberspruch 115
Wisper knisper 115
Aus: Max Kruse. Windkinder. Reutlingen: Ensslin 1968.

Krüss, James
Spatzenjanuar. 102
Aus: Jerzy Ficowski (Hg.). Kalenderreigen. 12 Monatsgedichte in freier Bearbeitung von J. Krüss. München: Annette Betz 1967.

Lang, Armin/Senderski, Julius
Pferdle & Äffle 121
Aus: Armin Lang, Julius Senderski. Pferdle & Äffle. Spaß muss sei! Stuttgart: Konrad Theiss 1998.

Leitner, Hilga
Frühling 87
Aus: Teddy 3. Esslingen: Schreiber 1973.

Lemler, Kathrin/Gemmel, Stefan
Kathrin spricht mit den Augen 60
Aus: Kathrin Lemler, Stefan Gemmel. Kathrin spricht mit den Augen. Wie ein behindertes Kind lebt. © 2002 Verlag Butzon & Bercker, Kevelaer.

Lindgren, Astrid
Wir Kinder aus Bullerbü 23
Aus: Astrid Lindgren. Die Kinder aus Bullerbü. Deutsch von Else Hollander-Lossow und Karl Kurt Peters. Hamburg: Friedrich Oetinger 1970.

Ludwig, Sabine
Suse möchte krank sein
(Überschrift hinzugefügt.) 30
Aus: Sabine Ludwig. Was Papa kann, kann Suse auch.
© Verlag Friedrich Oetinger, Hamburg.

Maar, Paul
Gute Nacht! 24
Die Puppenmutter. 49
Der Maus genügt als Badewanne 127
Aus: Paul Maar. Dann wird es wohl das Nashorn sein. Weinheim und Basel: Beltz 1988.
Ein Bussard 131
Aus: Paul Maar. Konrad Knifflichs Knobelkoffer. Reinbek: Oetinger 1987.
Besuch. 166
Aus: Paul Maar. Dann wird es wohl das Nashorn sein. A. a. O.

Mai, Manfred
Ich 28
Aus: Das achte Weltwunder. 5. Jahrbuch der Kinderliteratur. Hg. von H.-J. Gelberg. Weinheim und Basel. Beltz 1979.
Eine gute Frage 137, 147
Aus: Manfred Mai. 111 Minutengeschichten. Ravensburg: Otto Maier 1991.

Manz, Hans
Unterschiedliches Aufwachsen 45
Du 129
Aus: Hans Manz. Mit Wörtern fliegen. Weinheim und Basel: Beltz 1995.

Mayröcker, Friederike
Still 166
Aus: Friederike Mayröcker. Zittergaul. Gedichte. Ravensburg: Otto Maier 1989.

Meckel, Christoph
Dieses Türmchen 73
Aus: Christoph Meckel. Komm in das Haus. © 1998. Carl Hanser Verlag, München–Wien.

Menzel, Wolfgang
ABC-Gedicht. 10
Die Katze 17
Winter. 103
Verkehrte Welt 133
**Was ich gern mag –
was ich nicht ertrag'** 158
Originalbeiträge.

Moser, Erwin
Turm mit Baumklosett 72
**Das Haus im Moor, eine
Gruselgeschichte** 105
Aus: Wie man Berge versetzt. 6. Jahrbuch der Kinderliteratur. Hg. von Hans-Joachim Gelberg. Weinheim und Basel: Beltz 1981. S. 249.

Nilstun, Ragnhild
Wozu braucht man eigentlich Papas? . . 46
Aus: Ragnhild Nilstun: Als Papa fast verloren ging. Aus dem Norwegischen von Angelika Kutsch. Hamburg: Dressler 1990. S. 10 ff.

Nöstlinger, Christine
Alle sind zufrieden mit mir 27
Aus: Christine Nöstlinger/Jutta Bauer. Ein und alles. Weinheim und Basel: Beltz 1992.

Ich schiele 62
Aus: Überall und neben dir. Gedichte für Kinder. Hg. von Hans-Joachim Gelberg. Weinheim und Basel: Beltz 1986, 1989. Programm Beltz & Gelberg, Weinheim.

Pope Osborne, Mary
Das magische Baumhaus 82
Aus: Mary Pope Osborne. Das magische Baumhaus: Im Tal der Dinosaurier. Aus dem amerikanischen Englisch übersetzt von Sabine Rahm. Bindlach: Loewe 2000.

Rathenow, Lutz
Ich freu mich 56
© Lutz Rathenow.

Reuter, Elisabeth
Warum sprichst du so komisch? 32
Aus: Elisabeth Reuter. Soham. Eine Geschichte vom Fremdsein. München: Heinrich Ellermann 1993.

Rhenius, Barbara
Ücken 20
Strugel 20
Der einsame Schmetterling 44
Das Gedicht mit der 8 49
Rosinchen träumt von Pferden 49
Originalbeiträge.

Röckener, Andreas
Richtige Gespenster 112
Aus: Der Bunte Hund Nr. 21. Weinheim: Beltz & Gelberg.

Roth, Eugen
Der Baum. 66
Aus: Helmut Zöpfl/Petra Moll (Hg.). Die schönsten Kindergeschichten. Pfaffenhofen: Ludwig Karl 1979. S. 123.

Ruck-Pauquèt, Gina
Katzentagebuch (gekürzt). 38
Aus: Gina Ruck-Pauquèt. Katzengeschichten. Bayreuth: Loewes 1976.

Sandburg, Carl/Baumann, Hans
Der Nebel 155, 159
Übertragen von Hans Baumann. Aus: Hans Baumann (Hg.). Ein Reigen um die Welt. Gütersloh: Bertelsmann Jugendbuchverlag 1965. S. 240.

Schmidt, Waltraud/Adrian, Christine
Die jungen Amseln 93
Aus: Waltraud Schmidt, Christine Adrian. Was lebt in unserem Garten? Ravensburg: Ravensburger Buchverlag Otto Maier 1992.

Schön, Helga
Überraschung 39
Originalbeitrag.

Schwarz, Ursula
Ostern 88
Originalbeitrag.

Seidel, Heinrich
Im Lande der Zwerge 152
Aus: Heinrich Seidel. Gedichte. Stuttgart: Cottasche Buchhandlung 1903.

Simon-Kaufmann, Gabriele
Eine Brille für Florian 62
Originalbeitrag.

Sommer-Bodenburg, Angela
Am Morgen 24
Wenn meine Eltern streiten 54
Aus: Angela Sommer-Bodenburg. Ich lieb dich trotzdem immer. Originalverlag: © Angela Sommer-Bodenburg.

TINO
Liebe Kinder 78
Der gelbe Ball 79
Originalbeiträge.
Das Krokodil mit den Turnschuhen 80
Aus: TINO. Das Krokodil mit den Turnschuhen. © 2003 by Ravensburger Buchverlag Otto Maier GmbH, Ravensburg.

Tolstoi, Leo
Ein alter Mann pflanzte kleine Apfelbäume 67
Aus: Leo Tolstoi. Die Kinder des Zaren. Übersetzt von Hans Baumann. Gütersloh: Bertelsmann Jugendbuchverlag 1964.

Ullmann, Günter
Herbstwind 97
Aus: H.-J. Gelberg (Hg.). Überall und neben dir. Gedichte für Kinder. Weinheim und Basel: Beltz & Gelberg 1989. S. 40.

Vahle, Fredrik
Dracula-Rock 107
Aus: Aktive Musik Verlagsgesellschaft mbH, Dortmund.

Welsh, Renate
Nina und die Unordnung 26
Aus: Renate Welsh. Nina sieht alles ganz anders. Ravensburg: Otto Maier 1995.

Wendt, Irmela
Abzischen 52
Aus: Irmela Wendt. Es hat geschellt. Schroedel Taschentexte. © Irmela Wendt. Hannover: Schroedel 1980. S. 10 und 11.

Wendula, Frauke
Geräusche beim Gehen 156
Originalbeitrag.

Wittkamp, Frantz
Da oben auf dem Berge 151
Aus: H.-J. Gelberg. (Hg.). Überall und neben dir. Gedichte für Kinder. Weinheim und Basel: Beltz & Gelberg 1989, S. 33.
Zauberwort 109
Aus: Frantz Wittkamp. Ich glaube, dass du ein Vogel bist. Weinheim und Basel: Beltz 1987. S. 46.

Wölfel, Ursula
Wenn ich einen Garten hätte 70
Aus: Ursula Wölfel. Joschis Garten. Düsseldorf: Hoch o.J.
Sprachen 124
Aus: Ursula Wölfel. Sechzehn Warum-Geschichten von den Menschen. Düsseldorf: Hoch 1971. S. 57 f. (Gekürzt.)
Die Geschichte vom grünen Fahrrad 143, 147
Aus: Ursula Wölfel. Achtundzwanzig Lachgeschichten. Düsseldorf: Hoch 1969.
Die Geschichte von der Wippe 146
Aus: Ursula Wölfel. 27 Suppengeschichten. Düsseldorf: Hoch 1968.

Zuckowski, Rolf
Sommerkinder 94
Aus: Musik für dich. Rolf Zuckowski OHG, Hamburg.

Unbekannte und ungenannte Autorinnen und Autoren

Annas Morgen 169
Originalbeitrag.
Ausflug mit dem Rad 21
Originalbeitrag.
Bastelanleitung 114
Originalbeitrag. Nach einer Idee von Wilfried Blecher. Theater Theater. Freising: Sellier 1980.
D'Bäure hot d'Katz verlorn 120
Volksgut aus Schwaben.
Das Echo erfindet komische Reime 148
Originalbeitrag.
Das Meerschweinchen als Haustier 41
Originalbeitrag.
Dein Auge – ein echtes Wunderwerk 64
Originalbeitrag.
Der Baumstamm 69
Originalbeitrag.
Ein komischer Zirkus! 135
Originalbeitrag.
Es regnet 157
Volksgut.
Es regnet, es regnet 157
Volksgut.
Fragen und Antworten 130
Originalbeitrag.
Frühling im Klassenzimmer 89
Originalbeitrag.
Hinschauen – und richtig sprechen! 12
Originalbeitrag.
Ich bin in den Brunnen gefallen ... 160
Originalbeitrag. Nach einer Idee von Klaus Vopel. Interaktionsspiele für Kinder. Hamburg: iskopress 1991. 5. Auflage.
Immer ein bisschen anders! 13
Originalbeitrag.
Immer längere Sätze lesen 15
Originalbeitrag.
Kannst du das lesen? 131
Originalbeiträge.

Kannst du deinen Augen trauen? .. 65
Originalbeitrag.
Kleine Sachen zum Auch-so-ähnlich-Machen 127
Originalbeitrag.
Lebensraum Garten 42
Originalbeitrag.
Morgen ist Montag 136
Originalbeitrag.
Morgen ist Sonntag 136
Originalbeitrag.
Morgens früh um sechs 168
Volksgut.
Morgens vor der Schule 21
Originalbeitrag.
Puppentheater 163
Originalbeitrag.
Rotkäppchen 162
Nach den Brüdern Grimm.
Theaterpuppen 162
Originalbeitrag.
Witze und Rätsel 128
Originalbeitrag.
Wem gehört welches Tier? 18
Originalbeitrag.
Wer wohnte wo? 74
Originalbeitrag.
Wie die Christrose entstand 101
Aus: Alte Weihnachtsgeschichten. Oldenburg: Stalling o. J.
Holz aus unseren Wäldern 68
Originalbeitrag.
Witze 128
Aus: Hanna Bautze (Hg.). Witzbuch für Kinder. Ravensburg: Otto Maier 1977. S. 26, 15.
Zauberspiel 161
Originalbeitrag. Nach einer Idee von Klaus Vopel. A. a. O.
Zungenbrecher 16
Volksgut.

Bildquellenverzeichnis

S. 22: Henriette Sauvant. Erzählbild. Aus: Hans-Joachim Gelberg (Hg.). Der Bunte Hund Nr. 46. Weinheim und Basel: Beltz 1997. Programm Beltz & Gelberg, Weinheim.
S. 23: Astrid Lindgren. Die Kinder aus Bullerbü. Einband und Illustrationen von Ilon Wikland. Hamburg: Oetinger 1988.
S. 29: Studio Schmidt-Lohmann.
S. 30: Sabine Ludwig. Was Papa kann, kann Suse auch. © Verlag Friedrich Oetinger, Hamburg. Titelbild und Illustrationen von Dunja Schnabel.
S. 34: © Silvestris – Lothar Lenz.
S. 35: Rotraut Greune, Heike Burghardt. Bruno Bello ist ein Hund: Oscars lustiges Hundebuch. Berlin: Tivola 1999.
S. 36: Franz Marc. Liegender Hund im Schnee (1910/1911). Öl auf Leinwand. Städelsches Kunstinstitut Frankfurt/M. Foto: Joachim Blauel, Artothek.
S. 40: Archiv.
S. 44: Charles M. Schulz: Fass die Buntstifte nicht an! © 2004 United Feature Syndicate, Inc.
S. 49: Paul Maar. Die Puppenmutter. Aus: Paul Maar. Dann wird es wohl das Nashorn sein. Weinheim und Basel: Beltz 1988.
S. 50/51: Ingrid Kötter. Mädchen sind klasse! Würzburg: Benziger Edition im Arena Verlag GmbH 1993.
S. 50: Margit Grassi. Optik-Omnibus. © 2001 C. Bertelsmann Jugendbuch Verlag, München.
S. 58: Hanna Johansen, Jacky Gleich. Sei doch mal still. München, Wien: Carl Hanser 2001.
S. 60: Illustrationen: Astrid Leson, aus: Kathrin Lemler, Stefan Gemmel. Kathrin spricht mit den Augen. Wie ein behindertes Kind lebt. © 2002 Verlag Butzon & Bercker, Kevelaer.
S. 66: Tönnies.
S. 68: Tönnies.
S. 72: Erwin Moser. Turm mit Baumklosett. Aus: Wie man Berge versetzt. 6. Jahrbuch der Kinderliteratur. Hg. von Hans-Joachim Gelberg. Weinheim und Basel: Beltz 1981.
S. 73: Niki de Saint Phalle: Ein Haus für Kinder. © VG Bild-Kunst, Bonn 2004.
S. 76: TINO: Das Krokodil mit den Turnschuhen. Umschlagbild: TINO. © 2003 by Ravensburger Buchverlag Otto Maier GmbH, Ravensburg. – Zoran Drvenkar: Eddies erste Lügengeschichte. Bilder von Kerstin Meyer. Hamburg: Friedrich Oetinger 2000. – Christine Nöstlinger: Fernsehgeschichten vom Franz. Bilder von Erhard Dietl. Hamburg: Friedrich Oetinger 1994. – Mary Pope Osborne: Das magische Baumhaus. Bd. 1: Im Tal der Dinosaurier. Illustriert von Jutta Knipping. Bindlach: Loewe Verlag 2001. – Henning Mankell. Ein Kater schwarz wie die Nacht. Gelesen von Antje von der Ahe.
℗ 2001 Universal Music GmbH, Hamburg.
© 2000 Verlag Friedrich Oetinger, Hamburg.
S. 78: Foto: Harald Bussalb. © TINO. Illustration: TINO.
S. 79: Illustration: © TINO.
S. 80/81: TINO. Das Krokodil mit den Turnschuhen. Ravensburg: Otto Maier 2003.
S. 82: Mary Pope Osborne. Das magische Baumhaus. Bd. 1: Im Tal der Dinosaurier. Illustriert von Jutta Knipping. Bindlach: Loewe Verlag 2001.
S. 83: Zoran Drvenkar. Eddies erste Lügengeschichte. Bilder von Kerstin Meyer. Hamburg: Friedrich Oetinger 2000.
S. 92: © Silvestris – Martin Partsch, Bodo Eckert.
S. 93: © Silvestris – FLPA, Daniel Bühler, R. Wilmshurst, Sohns.
S. 104: Vivienne Goodman. Was meinst du? Aus: Mem Fox und Vivienne Goodman. Was meinst du? © 1991 Lappan Verlag.
S. 108: Gunilla Bergström. Willi Wiberg und das Ungeheuer. Hamburg: Friedrich Oetinger 1988.
S. 110/111: Aus: Michael Ende. Das Traumfresserchen. © 1978 by Thienemann Verlag (Thienemann Verlag GmbH), Stuttgart – Wien.
S. 118: Landesmuseum für Technik und Arbeit, Mannheim. Schulmuseum Friedrichshafen.
S. 119: Website vom Staatlichen Museum für Naturkunde Stuttgart. URL: www.naturkundemuseum-bw.de/stuttgart/kinder.
S. 121: Armin Lang, Julius Senderski. Pferdle & Äffle. Spaß muss sei! Stuttgart: Konrad Theiss 1998.
S. 125: Studio Schmidt-Lohmann.
S. 139: Anonymer Illustrator: Rotkäppchen (nach den Brüdern Grimm). Bilderbogen Nr. 2368. Verlag und Druck Robrahn & Co., Magdeburg, um 1880.
S. 148: Königssee. Archiv.

Pusteblume

**Das Lesebuch 2
Neubearbeitung**

Herausgegeben von
Wolfgang Menzel

Erarbeitet von
Adelheid Böttger
Wolfgang Menzel
Edeltraud Schauer
Sigrid Scheel
Helga Schön
Ursula Schwarz

**Für Baden-Württemberg
bearbeitet von**
Christiane Beck
Renate Donig
Angelika Föhl
Sabine Schoch
Gabriele Simon-Kaufmann

Dieses Werk folgt der reformierten Rechtschreibung und Zeichensetzung 2006.
Ausnahmen bilden Texte, bei denen künstlerische, philologische
oder lizenzrechtliche Gründe einer Änderung entgegenstehen.

© 2004 Bildungshaus Schulbuchverlage
Westermann Schroedel Diesterweg Schöningh Winklers GmbH, Braunschweig
www.schroedel.de

Das Werk und seine Teile sind urheberrechtlich geschützt. Jede Nutzung in anderen als den gesetzlich zugelassenen Fällen bedarf der vorherigen schriftlichen Einwilligung des Verlags. Hinweis zu § 52 a UrhG: Weder das Werk noch seine Teile dürfen ohne Einwilligung gescannt und in ein Netzwerk eingestellt werden. Dies gilt auch für Intranets von Schulen und sonstigen Bildungseinrichtungen.

Auf verschiedenen Seiten dieses Buches befinden sich Verweise (Links) auf Internet-Adressen
Haftungshinweis: Trotz sorgfältiger inhaltlicher Kontrolle wird die Haftung für die Inhalte der externen Seiten ausgeschlossen. Für den Inhalt dieser externen Seiten sind ausschließlich deren Betreiber verantwortlich. Sollten Sie dabei auf kostenpflichtige, illegale oder anstößige Inhalte treffen, so bedauern wir dies ausdrücklich und bitten Sie, uns umgehend per E-Mail davon in Kenntnis zu setzen, damit beim Nachdruck der Verweis gelöscht wird.

Druck A³ / Jahr 2006
Alle Drucke der Serie A sind im Unterricht parallel verwendbar.

Redaktion:	Christin Bußhoff
Gesamtlay-out:	Wladimir Perlin
Illustration:	Maren Briswalter
	Angelika Çıtak
	Miriam Cordes
	Hans-Günther Döring
	Michael Schober
Herstellung:	Maren Albes
Umschlaggestaltung:	Magdalene Krumbeck
	mit einer Zeichnung von Michael Schober
Satz und Repro:	UMP Utesch Media Processing GmbH, Hamburg
Druck und Bindung:	westermann druck GmbH, Braunschweig

ISBN 978-3-507-**40952**-1
alt: 3-507-**40952**-6